TEOLOGIA e FILOSOFIA

Problemas de fronteira

COLEÇÃO TEOLOGIA NA UNIVERSIDADE

- Teologia e arte – *Ceci Baptista Mariani e Maria Angela Vilhena (orgs.)*
- Teologia e ciências naturais – *Eduardo R. da Cruz (org.)*
- Teoligia e comunicação – *Fernando Altemeyer Junior e Vera Ivanise Bombonatto (orgs.)*
- Teologia e direito – *Afonso M. L. Soares e João Décio Passos (orgs.)*
- Teologia e outros saberes – *João Décio Passos*
- Teologia e sociedade – *Paulo Nogueira Baptista e Wagner Lopes Sanchez (orgs.)*
- Teologia e filosofia – *Francisco de Aquino Júnior*

Francisco de Aquino Júnior

TEOLOGIA e FILOSOFIA

Problemas de fronteira

Dados Internacionais de Catalogação na Publicação (CIP)
(Câmara Brasileira do Livro, SP, Brasil)

Aquino Júnior, Francisco de
  Teologia e filosofia : problemas de fronteira / Francisco de Aquino Júnior.
-- São Paulo : Paulinas, 2018. -- (Teologia na universidade)

  ISBN 978-85-356-4451-7

  1. Diálogo - Aspectos religiosos 2. Fé 3. Filosofia e religião
4. Teologia cristã 5. Teologia filosófica I. Título II. Série.

18-19171   CDD-210

Índice para catálogo sistemático:

1. Filosofia e teologia   210

Iolanda Rodrigues Biode - Bibliotecária - CRB-8/10014

1ª edição – 2018

Direção-geral: *Flávia Reginatto*
Conselho editorial: *Dr. Antonio Francisco Lelo*
Dr. João Décio Passos
Maria Goretti de Oliveira
Dr. Matthias Grenzer
Dra. Vera Ivanise Bombonatto
Editores responsáveis: *Vera Ivanise Bombonatto e João Décio Passos*
Copidesque: *Mônica Elaine G. S. da Costa*
Coordenação de revisão: *Marina Mendonça*
Revisão: *Sandra Sinzato*
Gerente de produção: *Felício Calegaro Neto*
Projeto gráfico: *Manuel Rebelato Miramontes*
Capa e diagramação: *Tiago Filu*

Nenhuma parte desta obra poderá ser reproduzida ou transmitida
por qualquer forma e/ou quaisquer meios (eletrônico ou mecânico,
incluindo fotocópia e gravação) ou arquivada em qualquer sistema ou
banco de dados sem permissão escrita da Editora. Direitos reservados.

Paulinas
Rua Dona Inácia Uchoa, 62
04110-020 – São Paulo – SP (Brasil)
Tel.: (11) 2125-3500
http://www.paulinas.com.br – editora@paulinas.com.br
Telemarketing e SAC: 0800-7010081
© Pia Sociedade Filhas de São Paulo – São Paulo, 2018

A filosofia é um momento interno da teologia.
É preciso filosofar na teologia.

Karl Rahner

Sumário

Prefácio 9

Introdução 17

I. Teologia na filosofia!?
A propósito da disciplina "Introdução à teologia" no curso de filosofia 21

    1. Problemática teológica 23

    2. Relação teologia-filosofia 27

    3. Disciplina teológica num curso de filosofia 34

    Bibliografia 37

II. Abordagens filosóficas sobre Deus 41

    1. Abordagem cosmológica ou naturalista 43

    2. Abordagem antropológico-subjetivista 48

    3. Abordagem práxica 54

    Bibliografia 60

III. A dimensão teologal do homem em Xavier Zubiri 63

    1. A problemática da dimensão teologal do homem 64

    2. A dimensão teologal do homem 66

    A modo de conclusão 79

    Bibliografia 80

IV. A relação teologia-filosofia na América Latina 83

    1. Aproximação historiográfica 84

    2. Aproximação sistemática 98

    A modo de conclusão 113

    Bibliografia 114

Prefácio

Wolfhart Pannenberg, teólogo luterano alemão, inicia seu livro sobre Filosofia e Teologia com uma provocação que pode também ser compreendida como um grande desafio para a teologia contemporânea: "Sem um conhecimento sólido da filosofia não é possível compreender a doutrina cristã em sua forma histórica, nem chegar a um juízo próprio, fundamentado, a respeito da pretensão à verdade da doutrina cristã na atualidade".[1] Este livro de Aquino Júnior certamente pode ser considerado um levar a sério este desafio na medida em que apresenta um balanço crítico do que já foi feito no nível das teologias da libertação e se constitui ele mesmo um esforço de articular teoricamente as bases de sua discussão.

Aquino Júnior inicia no capítulo I sua reflexão sobre a questão da relação filosofia-teologia, situando-a no contexto da problemática da intelecção da fé. Esta é uma questão que ele coloca no horizonte maior da relação entre fé e razão a partir de um texto do Vaticano II em que se fala da importância e da necessidade de uma articulação e de um diálogo entre fé e ciência. Trata-se aqui da presença do pensamento cristão nos meios em que se promove a cultura. O objetivo fundamental é tornar as pessoas capazes de dar ao mundo o testemunho de sua fé ao assumir os mais altos encargos na sociedade. Já aqui fica muito claro o que se pretende neste livro: explicitar o vínculo-nexo interno entre teologia e filosofia.

A teologia, como todo conhecimento, possui um assunto ou âmbito de realidade (no caso, Théo/Deus) e um modo de intelecção (logos/razão). O saber é um momento constitutivo da ação humana e, por mais irredutível e

---

1 PANNENBERG, Wolfhart. *Filosofia e teologia*: tensões e convergências de uma busca comum. São Paulo: Paulinas, 2008. p. 9.

autônomo que seja, não é, em hipótese nenhuma, uma atividade independente das demais atividades humanas. Enquanto tal, ele é uma atividade estritamente histórica que se efetiva através de um processo de apropriação de possibilidades intelectivas.

Este livro assume uma destas possibilidades de maneira clara e coerente: a proposta da "Fenomenologia", na interpretação que lhe deu X. Zubiri. Daí sua afirmação inicial de que o saber teológico é sem dúvida um logos predicativo (discursivo), mas o logos é apenas um momento da intelecção que arranca de um modo mais primordial de saber a apreensão primordial de realidade (o mero estar presente de algo), que é, inclusive, condição de possibilidade de toda e qualquer predicação (uma forma de reapresentação da tese de Husserl sobre a intuição enquanto o "Princípio de todos os princípios", a fonte originária, a evidência fundante de todo conhecimento[2]). A intelecção parte da apreensão primordial, passa pelo logos e desemboca na razão que busca o fundamento da realidade.

Por outro lado, a "realidade" de que trata a teologia é a realidade "Deus" que aqui parte de sua presença e atuação na história. O que nós sabemos ou podemos saber dessa realidade depende de *se, do que* e de *como*" ela se dá a conhecer, portanto, tem a ver fundamentalmente com revelação e com fé. Como em todo saber, há também na teologia uma implicação mútua entre a determinação do conteúdo da realidade teologal (Deus) e a determinação do modo de acesso intelectivo a essa realidade (razão), uma posição que assim pretende superar tanto o realismo como o idealismo ingênuos.

A partir destas considerações básicas, Aquino Júnior põe a questão explícita da relação teologia/filosofia começando por uma consideração de ordem histórica: a articulação estrutural entre filosofia e teologia é um fato constatável tanto na história da filosofia quanto na história da teologia. A filosofia emergiu no Ocidente em confronto com a religião e seu tema básico, a problemática de Deus. Isto permaneceu um traço central na filosofia mesmo na modernidade, que não pode simplesmente ser identificada com as posições pós-modernas e antimetafísicas. Por sua vez, a teologia cristã, desde seus primeiros passos, teve que se confrontar e se articular em interação e diálogo,

---

2   HUSSERL, Edmund. *Ideen zu einer reinen Phänomenologie und phänomelogischen Pholosophie*. Erstes Buch: Allgemeine Einführung in die reine Phänomenologie. Haag: Martinus Nijhoff, 1950. p. 52.

Prefácio

sempre tenso e complexo, com a filosofia greco-helenística em seu esforço de compreensão da mensagem do Deus único de todos os seres humanos.

Trata-se de um acaso, simplesmente de uma circunstância histórica? Neste lugar, Aquino Júnior apresenta sua tese fundamental neste livro: trata-se, na realidade, de uma questão que decorre tanto da estrutura da teologia quanto da estrutura da filosofia enquanto formas específicas de saber. Ambas possuem uma estrutura teórica semelhante: teologia é um saber que se volta para as raízes ou para os fundamentos da realidade que procura entender, assim como faz a filosofia, que é um saber, como diz Zubiri, que busca conhecer as coisas em profundidade, em sua estrutura fundamental. Da tese da semelhança da estrutura de saber, Aquino Júnior passa para uma outra tese de maiores consequências: a filosofia é um momento constitutivo da teologia. Semelhança significa, então, que ambos os saberes possuem a mesma estrutura teórica, são saberes a partir do fundamento último: a filosofia, como a teologia, trata de todas as coisas a partir de seu fundamento último. Numa palavra, o conteúdo é o mesmo – a filosofia desemboca "naquela realidade absolutamente absoluta que a tradição judaico-cristã chama Deus" –, embora trabalhe em perspectivas diferentes.

No capítulo 2, ele parte da tese de que a problemática de Deus perpassa toda a história da filosofia ocidental e continua muito presente na atualidade, e isto porque não se trata de uma questão marginal, mas de um tema essencial e radical, uma vez que "diz respeito, positiva ou negativamente, à ultimidade e à radicalidade da reflexão filosófica". Seu propósito neste capítulo consiste em delinear o que se pode considerar como as linhas ou os modelos fundamentais de acessibilidade, argumentação ou justificação filosófica sobre Deus articuladas pela tradição filosófica ocidental. Para isto, ele assume a proposta interpretativa de A. González, que, influenciado por Zubiri e Ellacuría, fala de duas formas clássicas de justificação racional de Deus na tradição: a "naturalista" e a "subjetivista". Ele indica uma terceira forma: a justificação "práxica". Sua especificidade consiste em não partir nem da natureza (filosofia clássica do cosmos) nem da consciência (filosofia moderna da subjetividade), mas da interação do homem com o mundo, portanto, da ação humana (filosofia da práxis).

a) Abordagem naturalista. Esta forma de articulação filosófica da questão de Deus toma como ponto de referência a estrutura do cosmos/universo e

11

trabalha a partir de um conjunto de teses ou hipóteses sobre ele (movimento, causalidade, contingência, graus de ser, ordem/finalidade), que constituem o ponto de partida para a demonstração racional da existência ou da necessidade da existência de Deus (motor imóvel, causa primeira, ser necessário, ser supremo, inteligência suprema). O decisivo, portanto, nesta postura é a estrutura do cosmos. A formulação das cinco vias de demonstração da existência de Deus em Tomás de Aquino certamente pode ser considerada uma formulação paradigmática deste modelo. Para Zubiri, o elemento problemático fundamental nessa forma de pensar é que, o que Tomás considera fatos, na realidade, trata-se de uma interpretação ou uma teoria físico-metafísica da realidade sensível de caráter aristotélico. Numa palavra, "a base de argumentação não são, como ele indica, fatos, mas a metafísica de Aristóteles, por mais que seja reelaborada a partir e em função da doutrina cristã". Outra deficiência teórica é o fato de Tomás identificar sem mais o ponto de chegada de sua argumentação com o Deus cristão.

b) Abordagem antropológico/subjetivista. É assim denominada por partir do homem como realidade distinta do cosmos. Seu traço característico principal é ser um argumento "a priori": radica-se na definição verdadeira de Deus que necessariamente requer sua existência, ou seja, busca demonstrar a existência de Deus a partir da própria ideia de Deus como ser supremo e/ou ser perfeitíssimo dispensando toda experiência do mundo. Na tradição tornou-se conhecida como "prova ontológica" da existência de Deus, que já teve suas primeiras formulações entre os gregos; no pensamento cristão é retomada por Agostinho e Anselmo e recebe na modernidade uma formulação no pensamento de Descartes, que se tornou a referência fundamental na metafísica moderna pré-kantiana. A crítica a esse tipo de argumento pode ser resumida para o autor em duas questões fundamentais: o salto automático do mundo ideal para o mundo real e a problemática da existência como predicado, levantada por Kant.

c) Abordagem práxica. Esta forma de pensar se vincula a filosofias que puseram no primeiro plano da reflexão filosófica a questão da historicidade e, concretamente, às filosofias da práxis que se compreendem como superação dos reducionismos cosmológicos e antropológicos da filosofia ocidental. O acento aqui vai ser posto não no cosmos ou no ser humano, pensados isoladamente e/ou em contraposição um ao outro, mas na ação humana estruturada por uma dupla dimensão: subjetiva e natural. Na práxis humana, a realidade intramundana se revela como um todo constituído por múltiplas dimensões conectadas entre si, ou seja, trata-se, assim, de um todo sistematicamente estruturado. A questão fundamental aqui é saber se a ação humana, assim concebida, implica de alguma forma uma abertura a Deus enquanto fundamento último da realidade em seu todo. Aquino Júnior apresenta em cinco pontos a versão de X. Zubiri desta abordagem: 1) Análise da realidade humana como uma realidade radicalmente aberta; 2) Esta abertura tem a ver com a apreensão das coisas como "realidade" e como nesta apreensão ele se experimenta paradoxalmente como "desligado" de tudo e "religado" ao "poder do real"; 3) O "poder do real" lança o homem em distintas vias na direção de seu fundamento último; 4) A via teísta é apresentada como a via que leva o homem a Deus como realidade "absolutamente absoluta"; 5) Deus como fundamento último de toda realidade possibilita e impele o homem a se realizar a si mesmo.

No capítulo 3, Aquino Júnior se dedica a um aspecto essencial da reflexão filosófica de Zubiri: a "dimensão teologal" do ser humano. "Teologal" aqui diz respeito a uma dimensão constitutiva do ser humano enquanto tal, ou seja, ao enfrentamento inexorável com a dimensão última do real que chamamos Deus. Com "Dimensão" Zubiri pretende exprimir a superação da "ontologia substancialista" da tradição, entendendo as entidades como um sistema unitário de dimensões (em sua linguagem: de notas). Zubiri empreende uma análise do ser próprio do ser humano tematizando os três tipos de dimensões que lhe são específicas, segundo as quais ele vive, sente e intelige. A unidade intrínseca e formal destas dimensões constitui o "sistema" da constituição ontológica própria ao ser humano. Em virtude de suas dimensões próprias, em particular, por ser um ser inteligente, o ser humano possui uma constituição ontológica peculiar e, consequentemente, está implantado na realidade também de um modo muito peculiar, pois, enquanto tal, é uma realidade "formalmente sua", isto é, uma realidade que pertence formalmente a si mesma. Todas as outras entidades têm suas propriedades, mas sua realidade não é formal e explicitamente sua. Assim, o ser humano é uma "realidade relativamente absoluta", porque se experimenta como uma realidade "des-ligada de" ou "solta de" todas as demais e, enquanto tal, vai construindo sua vida. As coisas se atualizam na vida humana não simplesmente como um sistema de dimensões, mas, radicalmente, enquanto "realidade", isto é, como alteridade radical que se impõe na vida humana, obrigando o ser humano a agir de alguma maneira. É isto que Zubiri denomina o "poder do real".

Ora, o poder do real nas coisas não é senão o acontecer do fundamento nelas. Assim, o ser humano, ao construir sua vida com as coisas, se descobre lançado na "direção do" fundamento desse poder, o "fundamento último". Essa "religação problemática" é, para Zubiri, o "ponto de partida" da questão de Deus na vida humana. Essa ida ao fundamento é uma "marcha real intelectiva" e, enquanto tal, exige que o procedimento escolhido tenha uma justificação intelectual. Por esta razão, todo ato humano é, em todas as suas dimensões, uma experiência do fundamento do poder do real. Assim, "a pessoa humana, enquanto fundada em Deus, é de alguma maneira Deus: é Deus humanamente".

No último capítulo, Aquino Júnior apresenta a situação da problemática da relação filosofia x teologia na América Latina e começa afirmando que esta problemática é aqui muito complexa em virtude das inúmeras teologias existentes. Sua exposição vai se restringir neste texto às teologias da libertação com o objetivo de apresentar um panorama geral do debate a partir de sua pluralidade. Nas teologias da libertação, este debate "não teve a mesma importância e centralidade que teve no conjunto da tradição teológica ocidental", uma vez que boa parte da produção teológica latino-americana não se confrontou explicitamente com essa problemática, e por várias razões. Em primeiro lugar, porque as ciências humanas, de modo especial as sociais, se tornaram as interlocutoras mais importantes no trabalho teológico por se dedicarem ao conhecimento do mundo, o espaço de efetivação da missão eclesial. Em segundo lugar, porque a maior parte da produção da teologia da libertação está destinada a ajudar a reflexão que se faz dentro das comunidades eclesiais de base. Em terceiro lugar, porque algumas dessas teologias recusam a forma conceitual da teologia ocidental, advogando para si uma "forma sapiencial de exposição" em linguagem narrativa que se situaria, segundo Codina, num âmbito supralógico, cordial, imaginativo, vital, mítico, poético.

O autor apresenta as referências diretas ou indiretas da filosofia nestas teologias, acentuando a importância da "Fenomenologia" em forma hermenêutica ou práxica. As teologias da libertação trouxeram sem dúvida elementos muito positivos para a teologia, mas esta situação não deixou também de trazer elementos negativos, como, por exemplo, o fato de que normalmente há um uso não refletido nem explicitado de pressupostos filosóficos que condicionam o fazer teológico. O autor reconhece a validade de diferentes formas de exposição na teologia e procura justificar a tarefa específica e a importância da forma conceitual/teórica na teologia, considerando, inclusive, a questão complexa da avaliação da adequação das diferentes mediações filosóficas na teologia.

O texto de Aquino Júnior é certamente uma provocação salutar à teologia contemporânea, não só por ter o mérito de retomar um debate que parecia esquecido, mas por mostrar que este debate não é para a teologia uma problemática secundária; porém, antes tematiza questões fundamentais que dizem respeito à estruturação teórica da teologia. É neste contexto que se põe a questão da filosofia na teologia como uma dimensão irrecusável. Tarefa da filosofia, enquanto discurso metódico e sistemático, é a explicitação crítica de que o homem sempre é, em sua práxis histórica, uma vez que ela se faz no horizonte de uma concepção pré-teórica do homem e do mundo, da realidade em seu todo, em última instância, o fundamento de tudo. Como se defende no texto, o saber teológico pode ser expresso em diferentes formas e níveis, inclusive em diferentes tipos de discursos, mas, em nível último e radical, a teologia é uma hermenêutica da Palavra de Deus, sua compreensão teórica. Na ótica dos teólogos da libertação, a finalidade, por eles perseguida, é situar, na perspectiva de uma fé teoricamente esclarecida, a práxis histórica dos cristãos.

A Palavra de Deus é uma palavra dirigida ao ser humano e, enquanto tal, a condição de possibilidade de sua compreensão é o próprio ser humano, enquanto palavra interpretadora de sentido com tudo o que isto implica. Deus e seu Reino são seu objeto. Assim, a teologia, enquanto atividade e produto teóricos, não pode se efetivar sem mediar-se pelas categorias humanas de pensar precisamente por ser uma atividade humana. Ora, uma filosofia articulada radicalmente nos mostra que não se pode pensar o ser em si mesmo e em seu todo, sua tarefa suprema, sem tematizar a questão do ser absolutamente necessário, sem o que a totalidade dos seres contingentes é ininteligível. O ser absolutamente necessário se chama de "Deus" nas religiões com diferentes nomes. Se as diferentes teologias pretendem articular teoricamente a "realidade" que está em jogo nas religiões, em seus pressupostos já sempre se põe a realidade em seu todo que a filosofia tem como tarefa tematizar teoricamente.

Por isso, não tomar consciência crítica de que "há sempre uma filosofia presente em toda teologia", como assevera K. Rahner, não se confrontar criticamente com a filosofia imanente ao trabalho teológico, implica adentrar numa situação de não conhecimento da verdadeira estrutura da teologia e, sobretudo, deixá-la à mercê das concepções hegemônicas da realidade em seu todo. Daí por que o conhecimento da filosofia para um teólogo é a explicitação de uma das dimensões fundamentais de seu trabalho. Isto, além de explicitar uma dimensão fundamental de sua própria teoria, o capacita também para um diálogo crítico, inclusive, com as concepções do todo do real, que pretendem desmascarar, como carentes de sentido, a fé e sua ciência. Esta questão se torna mais urgente numa civilização técnico-científica como a nossa.

Como pode pretender o teólogo que sua teologia possa abrir espaço a uma práxis libertadora se ela mesma, em seu nível específico, isto é, da atividade teórica, entrega-se aos poderes cegos da história? A teologia não é um falar qualquer sobre Deus, mas um falar teórico-metódico. Enquanto tal, uma teologia que renunciasse a pensar, crítica e filosoficamente, seu próprio estatuto teórico não seria mais teologia e se reduziria ao discurso religioso. Por isso, não pode dispensar a reflexão filosófica.

Manfredo Araújo de Oliveira

Introdução

Teologia é *intellectus fidei* e, enquanto tal, constitui-se como *momento inteligente da fé*. É *momento* por ser constitutivo da fé e porque a fé é um ato de entrega a Deus que envolve todas as dimensões da vida e não pode jamais ser reduzida à sua dimensão intelectual. E é momento *inteligente* porque, embora seja inseparável de outros momentos do ato de fé como os sentidos e a volição, enquanto atividade intelectiva, tem sua própria especificidade e é irredutível a outras atividades humanas. Nesse sentido, a teologia é inseparável da fé (momento *da fé*), mas tem sua própria especificidade no interior da fé (*momento da* fé). A expressão "momento de" quer indicar precisamente essa inseparabilidade e irredutibilidade da teologia em relação à fé.

Mas o que seja, ou em que consista, ou como se desenvolva esse momento intelectivo da fé, é muito mais complexo do que pode parecer. E essa complexidade diz respeito tanto à problemática mais ampla da intelecção humana (sua especificidade, suas modalidades, suas possibilidades, seus limites, seu dinamismo etc.) quanto à problemática mais específica da intelecção da fé (acesso, apreensão, linguagens etc.). Os debates sobre a intelecção humana na história da filosofia e sobre a intelecção da fé na história da teologia não deixam dúvida a respeito dessa complexidade.

Dentre as muitas questões que essa problemática envolve está a relação teologia-filosofia. E aqui as posturas variam bastante: alguns contrapõem de tal modo teologia e filosofia que elas aparecem como ciências opostas e inconciliáveis; outros vinculam de tal modo teologia e filosofia que parecem identificar e reduzir a teologia a uma forma de filosofia; e outros ainda buscam uma articulação que nem reduza a teologia a uma forma de filosofia nem prescinda da mediação filosófica e muito menos estabeleça uma oposição radical entre ambas.

Fato é que o desenvolvimento da inteligência da fé tem se dado de forma muito mais plural e complexa do que esses reducionismos simplistas (oposição x identificação) propõem. Se é verdade que a filosofia se constituiu numa mediação importante e decisiva da teologia, também é verdade que essa nunca foi a única nem sequer a mais comum mediação da teologia. Não por acaso a expressão teologia tem sido usada tanto num *sentido amplo* (inteligência da fé) quanto num *sentido estrito* (inteligência racional da fé).

Em sentido amplo, teologia diz respeito à inteligência da fé que se realiza de muitos modos (mito, histórias, arte, liturgia etc., e também logos) e em diversas linguagens (narrativas, símbolos etc., e também conceitos). Em sentido estrito ou clássico, teologia é um modo de inteligência da fé (logos grego) em linguagem teórico-conceitual. Esses modos de inteligência e essas formas de linguagem não necessariamente se contrapõem e podem, inclusive, se complementarem mutuamente, oferecendo acessos diferenciados à fé.

A *inteligência da fé* é algo bem mais amplo e complexo que a *inteligência racional da fé*. Razão é um modo de inteligência. Quando falamos de inteligência racional da fé, falamos, aqui, concretamente, dessa forma específica de inteligência da fé que se deu mediante o encontro e a interação com a filosofia grega e que se convencionou chamar *teo-logia*: um discurso sobre *Deus* ou mais precisamente sobre a *experiência de Deus* mediado e regulado pelo *logos*. Embora tenha sido tomada como sinônimo e, assim, identificada sem mais com a inteligência da fé, a *teo-logia* como discurso racional da fé nunca foi a única nem a forma predominante de inteligência da fé. Na verdade, a inteligência da fé se desenvolveu e se desenvolve muito mais de modo narrativo, simbólico, litúrgico, experiencial etc., que de modo teórico-conceitual.

Não se trata, aqui, de contrapor essa diversidade de modos e formas de inteligência da fé. Pelo contrário, trata-se de reconhecer a riqueza e complexidade do teologizar e explicitar o modo como essas diferentes formas de teologia (simbólico-sapiencial e teórico-conceitual) se articulam e se complementam mutuamente.

Certamente, a forma mais básica e comum de inteligência de fé é de tipo mais simbólico-sapiencial: ligada à vivência cotidiana da fé e formulada em linguagem mais narrativa, coloquial, simbólica etc. Mas, em algum momento, essa linguagem e essa forma de inteligência sempre são postas em questão e é aqui que a mediação filosófica encontra seu lugar e sua importância na teologia. Isso se dá normalmente em meio a tensões e/ou em contextos de crise de formas habituais de inteligência da fé. E surge como radicalização dessas tensões ou crises (momento crítico-destrutivo) em busca de apreensões e expressões menos ambíguas e mais adequadas da experiência cristã de Deus ou da fé cristã (momento crítico-criativo).

Neste sentido, podemos afirmar que o filosofar ou a mediação filosófica é um momento constitutivo e necessário do processo amplo e complexo de inteligência da fé. Falamos de filosofia mais como atitude filosófica (*busca* da sabedoria) que como teoria filosófica concreta (*posse* de um saber). A inteligência da fé é algo complexo, dinâmico, processual, sempre aberto, e que se dá de muitas formas e adquire muitas expressões. E o momento filosófico da inteligência da fé tem a ver com a inquietação ou mais precisamente com a radicalização da inquietação, que dinamiza o processo de inteligência da fé, e com a busca de apreensão e expressão mais adequadas da fé. Daí por que, embora nem toda forma de inteligência da fé desenvolva ou precise desenvolver uma atitude filosófica, mais cedo ou mais tarde isso se torna inevitável e mesmo necessário. Tanto no que diz respeito a conteúdos teológicos concretos quanto no que diz respeito ao processo de inteligência da fé enquanto tal. E, assim, o filosofar emerge como momento constitutivo e necessário do processo global de inteligência da fé.

Este livro recolhe artigos escritos e publicados independentemente uns dos outros, mas que tratam da problemática teologia-filosofia ou, em todo caso, se situam nas fronteiras da teologia e da filosofia: relação teologia-filosofia (capítulo primeiro); abordagens filosóficas sobre Deus (capítulos segundo e terceiro); mediações filosóficas nas teologias da libertação (capítulo quarto). Querem insistir no vínculo constitutivo e essencial entre teologia e filosofia e querem explicitar a natureza ou o estatuto teórico desse vínculo, tomando como referencial teórico-conceitual a filosofia de Xavier Zubiri e Ignacio Ellacuría em seu esforço de superar os dualismos "saber x realidade", "sentir x inteligir", bem como a redução da intelecção ao logos ou o que Zubiri chamou "logificação da inteligência". Querem, finalmente, contribuir com desenvolvimento da inteligência da fé em sua riqueza e complexidade de formas e linguagens, explicitando de modo particular o lugar e a importância da mediação filosófica nesse processo.

CAPÍTULO I

Teologia na filosofia!?

A propósito da disciplina "Introdução à teologia" no curso de filosofia[1]

O Concílio Vaticano II, em sua Declaração *Gravissimum educationis* sobre a educação cristã, ao tratar das faculdades e universidades católicas, insiste na importância e na necessidade de uma articulação entre fé e ciência. Assim, o pensamento cristão se fará presente "de maneira pública e estável nos meios em que se promove a cultura" e as pessoas serão "capazes de assumir os mais altos encargos na sociedade e dar ao mundo o testemunho de fé". Em vista disso, recomenda que, "nas universidades católicas em que não há faculdade de teologia, funde-se um instituto ou departamento de teologia para o ensino de maneira adaptada aos leigos" (*GE*, 10).

O *Código de Direito Canônico*, por sua vez, tratando da educação católica, ao falar das universidades católicas e de outros institutos de estudos superiores, determina que "nas universidades católicas se constitua uma faculdade ou instituto, ou pelo menos uma cátedra de teologia, onde se lecione também para os estudantes leigos" (Cân. 811, § 1) e que "em cada universidade católica haja preleções, em que se tratem principalmente questões teológicas conexas com as disciplinas das faculdades" (Cân. 811, § 2).

Na mesma direção vai a Constituição Apostólica do papa João Paulo II *Sobre as universidades católicas*. Ao falar da "identidade e missão" da

---

1   Publicado nas revistas *Kairós* IX/1 (2012) 31-49 e *Ciberteologia* IX/42 (2013). Disponível em: <http://ciberteologia.paulinas.org.br/ciberteologia/wp-content/uploads/downloads/2013/05/artigotres.pdf>.

universidade católica, enquanto universidade e enquanto católica, destaca algumas das características fundamentais de sua atividade acadêmica: busca de uma "integração do conhecimento", "diálogo entre fé e razão", "preocupação ética" e "perspectiva teológica" (n. 15). No que diz respeito à teologia, ela "desempenha um papel particularmente importante na investigação de uma síntese do saber, bem como no diálogo entre fé e razão. Além disso, ela dá um contributo a todas as outras disciplinas na sua investigação de significado, ajudando não só a examinar o modo como as disciplinas influirão sobre as pessoas e sobre a sociedade, mas também fornecendo uma perspectiva e uma orientação não contidas em sua metodologia. Por sua vez, a interação com as outras disciplinas e suas descobertas enriquece a teologia, oferecendo-lhe uma melhor compreensão do mundo de hoje e tornando a investigação teológica mais adaptada às exigências de hoje. Dada a importância específica da Teologia entre as disciplinas acadêmicas, cada universidade deverá ter uma faculdade ou, ao menos, uma cadeira de teologia" (n. 19).

Em sintonia com essas orientações e determinações do magistério episcopal da Igreja, é comum encontrar-se nos vários cursos oferecidos em universidades e faculdades católicas (filosofia, direito, medicina, comunicação, artes, ciências sociais etc.) uma disciplina teológica. Chame-se introdução à teologia, introdução ao pensamento teológico, tópicos de teologia, cultura religiosa etc. Pouco importa.

O problema é como essa disciplina teológica se insere nessas diversas áreas de conhecimento: é um corpo estranho ou tem algo em comum com elas? Justifica-se simplesmente pela orientação e determinação do magistério episcopal ou existe algum vínculo-nexo teórico interno entre a teologia e as diversas áreas de conhecimento? Pode ser estruturada e desenvolvida da mesma forma em diferentes áreas de conhecimento ou requer uma estruturação e, inclusive, um método específico para cada área de conhecimento? É, aqui, precisamente, onde se insere a problemática fundamental com a qual nos confrontamos neste texto: *Teologia na filosofia!?*

Nossa pretensão é explicitar o vínculo-nexo interno entre teologia e filosofia e, assim, justificar teoricamente a existência de uma disciplina teológica em um curso de filosofia, ainda que de modo introdutório. Começaremos tratando da problemática teológica e de sua relação com a filosofia e concluiremos esboçando o estatuto teórico de uma disciplina teológica num curso de filosofia.

1. Problemática teológica

A problemática teológica está constituída por um duplo aspecto (realidade – saber) que se implica mutuamente (coatualidade), cuja abordagem pode partir de qualquer um desses aspectos (realidade teologal ou pensamento teológico).

A. Duplo aspecto: realidade e saber

Como indica a própria etimologia da palavra, *teo-logia* consiste fundamentalmente num *saber/logos* sobre *Deus/Théos*. De modo que a problemática teológica envolve um *assunto ou âmbito de realidade* (*Théos*/Deus) e um *modo de intelecção* (logos/razão). Mas isso não é nada evidente como pode parecer à primeira vista: nem é evidente o que ou quem seja Deus, nem é evidente o que seja ou como se dê o conhecimento em geral e o conhecimento teológico em particular.[2] Por isso mesmo, não basta dizer que teologia é saber sobre Deus. É preciso problematizar e explicitar melhor tanto a realidade que a teologia procura conhecer (realidade teologal) quanto o processo mesmo de teologizar (teoria teológica).

a) Realidade

É preciso determinar melhor o *conteúdo* dessa realidade que chamamos *Deus*: a que se refere concretamente? Que queremos dizer quando dizemos Deus? Esse é um dos problemas mais fundamentais e mais complexos do método teológico. E isso não é nada evidente. Basta ter presente os vários sentidos que a expressão "deus" tem nas diferentes correntes filosóficas da antiguidade grega (pré-socráticos, Platão, Aristóteles, estoicos), onde surgiu a expressão teologia, e o sentido [ou quem sabe os sentidos?] que ela tem na tradição cristã.[3]

---

2   "Em sua significação etimológica 'teologia' quer dizer, de modo muito geral, um discurso sobre Deus, sem que com esta palavra fique definida a índole do discurso ou da realidade religiosa que o termo 'deus' significa" (RITO, *Introdução à teologia*, p. 25).

3   Cf. CONGAR, *La foi et la théologie*, p. 125s; LIBANIO; MURAD, *Introdução à teologia*, p. 62-76; RITO, *Introdução à teologia*, p. 25-36; BOFF, *Teoria do método teológico*, p. 548-560.

Em todo caso, a determinação do conteúdo da realidade Deus está possibilitada e condicionada por seu modo de presença e atuação na história e, consequentemente, pelo modo como o acedemos e o experimentamos. O que sabemos ou podemos saber dessa realidade depende de *se*, do *que* e de *como* ela se dá a conhecer. Numa linguagem estritamente teológica devemos falar aqui de revelação e de fé. De fato, a revelação e a fé são a condição de possibilidade (pressuposto) e o critério (medida) de determinação da realidade que a teologia procura inteligir,[4] embora esta realidade não se esgote em sua revelação nem na fé: Deus é mistério inesgotável.[5]

Em se tratando de teologia cristã, o conteúdo dessa realidade está dado (sem perder seu caráter de mistério inesgotável, é claro!) na história de Israel e definitivamente na práxis de Jesus Cristo e, a partir daí, na práxis daqueles/as que de alguma forma o seguem e prosseguem sua missão: salvação da história ou reinado de Deus, cujo critério é sempre a justiça aos pobres e oprimidos deste mundo (Mt 25,31-46). Nessa práxis, Deus se dá a nós; aí, temos acesso (também intelectivo) à realidade de Deus. De modo que a realidade que a teologia cristã procura inteligir diz respeito ao Deus que se revela em Jesus Cristo e à fé ou adesão confiante e fiel a esse Deus.

b) Saber

Mas é preciso determinar também esse *modo de saber* que é a teologia: *razão*. Trata-se de um dos problemas mais complexos e difíceis de toda e qualquer ciência e que diz respeito tanto ao saber/conhecimento em geral quanto a um saber/conhecimento concreto. Seja pelo caráter de momento da ação humana, seja pelo que tem de específico ante outros modos de saber e pelo vínculo ou nexo que mantém com esses outros modos de saber.

Antes de tudo, é preciso ter presente que a atividade intelectiva, por mais irredutível e autônoma que seja, não é, em hipótese alguma, uma atividade independente das demais atividades humanas, como são, por exemplo, o sentimento e a volição. Dá-se sempre em relação a elas. A vida humana não é um armário com várias gavetas, mas uma realidade dinâmico-estrutural: atividade/práxis de notas diversas estruturalmente organizadas (intelecção,

---

4 O que Deus revela *de si* é o que ele é *em si*: "A trindade 'econômica' é a trindade 'imanente' e vice-versa" (RAHNER, *O Deus Trino, fundamento transcendente da história da salvação*, p. 293).

5 Cf. RAHNER, *Conceito de Mistério na teologia católica*, p. 153-216.

sentimento, vontade).[6] De modo que a intelecção, enquanto *momento* constitutivo da ação humana,[7] tem a ver com o sentimento e com a volição. Por um lado, a atividade intelectiva é uma atividade *sentiente* (sentidos): intelige, sentindo. Não se trata simplesmente de inteligir coisas sensíveis. Isso seria o que Zubiri chama "inteligência sensível".[8] Trata-se de algo muito mais radical: o sentir mesmo é intelectivo ou comporta um momento inteligente e a intelecção mesma é *sentiente* ou comporta um momento *sentiente*.[9] Por outro lado, ela é uma atividade estritamente histórica, no sentido de que se dá mediante um processo de apropriação de possibilidades intelectivas que, por sua vez, desencadeia um processo de capacitação intelectiva.[10]

Além do mais, embora no processo intelectivo[11] o logos (palavra, discurso), sobretudo o logos predicativo (predica algo de algo: A é B) desempenhe uma função fundamental e, quiçá, preponderante, não é senão um de seus momentos. A intelecção não arranca do logos, mas de um modo mais primordial de saber (o mero estar presente de algo) que é, inclusive, condição de possibilidade de toda e qualquer predicação: só posso predicar algo de algo (A é B) se esse algo (A) de alguma forma já está inteligido. É o que Zubiri chama *apreensão primordial de realidade*. Tampouco a intelecção termina no logos. Ela marcha em busca do fundamento último da coisa já apreendida primordial e afirmativamente (logos): "Na marcha intelectiva, as coisas começam dando que pensar e terminam dando [ou tirando] razão".[12] É o que Zubiri chama *razão*. De modo

---

6   Cf. ZUBIRI, *Sobre el hombre*, p. 11-41; ZUBIRI, *Inteligencia sentiente*, p. 281-285.

7   "A inteligência humana tem, sem dúvida, uma estrutura própria, pela qual se diferencia de outras notas da realidade humana [...]. Mas o que a inteligência faz, por muito formalmente irredutível que seja, o faz em unidade primária com todas as demais notas da realidade humana" (ELLACURÍA, *Hacia una fundamentación del método teológico latinoamericano*, p. 206).

8   Cf. ZUBIRI, *Inteligencia sentiente*, p. 82, 86, 104.

9   Cf. ZUBIRI, *Inteligencia sentiente*, p. 85s, 99ss.

10   "A constituição da possibilidade real é ela mesma processual, e é isso o que se há de entender formalmente por capacitação; a capacitação é um processo pelo qual se vai incorporando ao sujeito em questão um poder-poder, um poder possibilitar, um poder fazer possíveis" (ELLACURÍA, *Filosofía de la realidad histórica*, p. 554). "O conceito de capacidade busca expressar essa constituição do poder enquanto logra fazer um poder [...]. Com ela, assistimos não simplesmente a algo que diz respeito ao exercício de uma potência, mas a algo que abre um âmbito ou outro de possibilidades: mais que atualização de uma ou outra possibilidade, encontramo-nos, no caso das capacidades, com a constituição do âmbito mesmo de um tipo de possibilidades ou outro. Neste sentido, não apenas se faz algo novo, não apenas se atualiza uma possibilidade, mas se constitui o princípio histórico do humanamente possível" (ELLACURÍA, *Filosofía de la realidad histórica*, p. 560).

11   Cf. ZUBIRI, *Inteligencia sentiente*; ZUBIRI, *Inteligencia y logos*; ZUBIRI, *Inteligencia y razón*; AQUINO JÚNIOR, *A teologia como intelecção do reinado de Deus*, p. 215-245.

12   ZUBIRI, *Inteligencia y razón*, p. 71.

Capítulo I

que o logos não é senão um momento do ato intelectivo, por mais importante e determinante que seja. A redução do saber ao logos – o que Zubiri chama "logificação da inteligência"[13] – constitui um dos grandes equívocos/erros da tradição filosófica ocidental. Enquanto modo de intelecção, a razão ou o pensamento consiste numa atividade intelectiva: "marcha" em busca do fundamento da realidade que está sendo inteligida;[14] marcha para "além" do já inteligido (primordial e logos); marcha "incoada": abre uma via intelectiva; marcha "ativada" pela realidade.

Tudo isso tem muitas implicações para o fazer teológico, enquanto atividade teórico-intelectiva. A teologia aparece aqui como algo intrinsecamente vinculado a uma práxis salvífico-teologal (momento da práxis) e se constitui como um modo específico de saber (razão) ante a outros modos de saber.

B. Coatualidade de realidade e saber

Há uma mútua implicação entre a determinação do conteúdo da realidade teologal (Deus) e a determinação do modo de acesso intelectivo a essa realidade (razão).

No ato de intelecção, a realidade a ser inteligida e sua intelecção se implicam e se determinam de tal modo que se pode e se deve falar de uma coatualidade ("atualidade comum", "comunidade de atualidade")[15] de realidade e intelecção. Determinar o conteúdo de uma realidade qualquer é, já, uma atividade intelectiva. Carece, portanto, de sentido falar da realidade independentemente (fora, antes) de sua intelecção. Por sua vez, o que seja a intelecção não se sabe senão à medida que se intelige algo: toda intelecção é intelecção de algo. Não tem sentido, portanto, falar de intelecção independentemente (em si) da realidade inteligida.

Como insiste Zubiri, "saber e realidade são congêneres em sua raiz".[16] Por isso mesmo, não se pode falar de modo consequente da "realidade em si", independentemente de sua intelecção (realismo ingênuo) nem da "intelecção

---

13 Cf. ZUBIRI, *Inteligencia sentiente*, p. 86, 167s.

14 Cf. ZUBIRI, *Inteligencia y razón*, p. 27-38.

15 Cf. ZUBIRI, *Inteligencia sentiente*, p. 155ss.

16 ZUBIRI, *Inteligencia sentiente*, p. 10. Ao contrário do que pensa Clodovis Boff, para quem saber e vida, teoria e práxis terminam sendo realidades essencialmente "heterogêneas, ainda que combináveis" (BOFF, *Teoria do método teológico*, p. 391).

em si", independentemente da realidade inteligida (idealismo ingênuo). Agora, claro que se pode, didaticamente, deter-se na análise e na formulação de um ou outro momento no que ele tem de mais próprio e específico. Afinal, por mais que sejam congêneres e se determinem mutuamente, realidade e intelecção são irredutíveis, têm sua própria especificidade.

C. Ponto de partida

Uma introdução ao pensamento teológico pode dar-se a partir da realidade pensada (realidade teologal) ou a partir da atividade pensante (pensamento teológico). Ambos os pontos de partida são possíveis e legítimos.

Embora realidade pensada e atividade pensante se impliquem e se condicionem mutuamente no pensamento, não se identificam sem mais – são relativamente autônomas. E essa autonomia relativa de realidade e pensamento permite que se possa tomar como ponto de partida de uma introdução ao pensamento teológico um ou outro. Não há nenhuma razão que obrigue partir de um ou outro: "Certamente a investigação sobre a realidade necessita lançar mão de alguma conceituação do que seja saber", mas "não é menos certo que não se pode levar a cabo uma investigação acerca das possibilidades de saber, e de fato nunca foi levado a cabo, se não se apela a alguma conceituação da realidade [...]. É impossível uma prioridade intrínseca do saber sobre a realidade ou da realidade sobre o saber. Saber e realidade são, em sua própria raiz, estrita e rigorosamente congêneres. Não há prioridade de um sobre o outro".[17]

A opção por um ponto de partida ou outro, por mais razoável que seja, tem sempre algo de arbitrário. Seja porque ambos os pontos de partida são possíveis e legítimos; seja porque, de alguma forma, implicam-se mutuamente.

2. Relação teologia-filosofia

Tendo esboçado a estrutura fundamental da problemática teológica (âmbito de realidade – modo de intelecção), precisamos nos confrontar agora com a

---

17   ZUBIRI, *Inteligencia sentiente*, p. 9s. "A suposta anterioridade crítica do saber sobre a realidade, isto é, sobre o sabido, no fundo, não é senão uma espécie de titubeio escrupuloso no arranque mesmo do filosofar. Algo assim como se alguém que quer abrir uma porta passasse horas estudando os movimentos dos músculos de sua mão; provavelmente não chegará nunca a abrir a porta. No fundo, essa ideia crítica de anterioridade, por si só, nunca levou a um saber do real e, quando o logrou, em geral, foi por não ter sido fiel à crítica mesma" (ZUBIRI, *Inteligencia sentiente*, p. 10).

Capítulo I

problemática de sua inserção no âmbito teórico-acadêmico da filosofia, o que significa explicitar o nexo ou vínculo teórico entre teologia e filosofia.

Uma *introdução à teologia* num *curso de filosofia* não pode ser um objeto estranho, intruso e indesejável. Deve ser parte integrante deste e, portanto, deve estar estruturalmente articulada com a reflexão filosófica. Deve se situar, portanto, na *fronteira* da filosofia e da teologia.[18] Não como uma "ponte" entre saberes que, enquanto tais, não têm nada a ver um com o outro, mas como "terreno comum" que, de alguma forma e em alguma medida, pertence a ou tem a ver com ambos os saberes, sem que isso comprometa a especificidade e autonomia de cada um.

A. Fato histórico

É preciso começar recordando que a articulação estrutural entre filosofia e teologia é um *fato* constatável tanto na história da filosofia quanto na história da teologia.[19] E isso independentemente da apreciação positiva ou negativa que se faça ou se possa fazer desse fato e da pluralidade e complexidade dos modos como se deram e se dão essa articulação.[20]

a) Filosofia

A filosofia nasceu profundamente articulada com a problemática teológica. De fato, "a origem da filosofia está estreitamente ligada à religião".[21] Ela

---

18 "Problemas de Fronteira" é, aliás, o subtítulo de uma das obras de Lima Vaz que aborda temas situados "nesse território de fronteiras incertas entre filosofia e teologia que se constitui, ao longo da tradição, em terra natal do pensamento cristão" (LIMA VAZ, *Escritos de Filosofia*, p. 7).

19 Cf. PANNENBERG, *Filosofia e teologia*; LIMA VAZ, *Escritos de Filosofia*; OLIVEIRA, *Diálogos entre fé e razão*; JOÃO PAULO II, *Carta Apostólica Fides et Ratio*.

20 Quanto à relação entre filosofia e teologia, Pannenberg apresenta, com propósitos sistemáticos, quatro definições de "relação formalmente possíveis" entre elas: "Por um lado, a relação entre filosofia e teologia foi concebida como oposição e, por outro, procurou-se identificar ambas. Além disso, subordinou-se a filosofia à teologia ou, inversamente, a teologia à filosofia". Mas, adverte: "um exame mais acurado mostrará que essas definições formais da relação, na melhor das hipóteses, podem assumir o significado de ponderações prévias e que chegam ao seu limite quando se deparam com a complexidade das maneiras com que a relação entre filosofia e teologia de fato tomou forma na história" (PANNENBERG, *Filosofia e teologia*, p. 17).

21 PANNENBERG, *Filosofia e teologia*, p. 10. "Esse é um dado fundamental para a questão da relação entre filosofia e teologia. Os filósofos nem sempre estiveram conscientes dele ou, em todo caso, de toda a sua importância. A filosofia antiga, desde Xenófanes, tendeu antes a conceber esse dado de modo inverso, ou seja, como revestimento sensível das verdades filosóficas pelas tradições religiosas. A dependência em que a filosofia se encontra do fato religioso historicamente anterior a ela só foi apreciada em sua relevância fundamental com o surgimento da consciência histórica na era moderna, especialmente com Hegel, com sua tese de que a filosofia confere uma definição precisa à religião que a precedeu historicamente. Desse modo, Hegel atribuiu à filosofia uma função parecida com a da teologia" (PANNENBERG, *Filosofia e teologia*, p. 11).

significou "uma forma audaciosa de fazer a razão, investigadora da natureza e construtora da ciência, servir ao intento de exprimir a visão religiosa do mundo", constituindo-se, assim, como *teologia*, isto é, como "expressão racional do *theion*, do divino".[22]

Nasceu como teologia e se desenvolveu "sob o signo da teologia". Como recorda Lima Vaz, "o pensamento de Platão é, fundamentalmente, uma visão teológica do mundo"; para Aristóteles, a ciência mais elevada "é aquela que está voltada para a contemplação das realidades divinas: ciência primeira ou teologia"; a moral estoica atinge seu ápice na teologia, pois ela "se funda na aceitação de um *logos*, de uma razão divina imanente ao universo e cuja providência conduz todas as coisas"; mesmo o epicurismo "considerava que a vida humana somente adquire sentido quando confrontada ao problema teológico" – descoberta de "uma razão e uma ordem divina" na natureza e na vida humana.[23] E, a partir daí, sobretudo com o desenvolvimento da teologia cristã, toda a filosofia ocidental foi sendo desenvolvida e organizada "segundo o esquema que M. Heidegger denominou *onto-teologia*".[24] Xavier Zubiri chega a afirmar/denunciar que "a filosofia europeia, de Santo Agostinho a Hegel, é, em última instância, uma filosofia que nem nasceu nem viveu de si mesma. Com todas as suas limitações, a filosofia grega pelo menos nasceu a partir de si mesma ante às coisas em contato imediato com elas. Mas o homem da era cristã nunca se encontrou consigo de maneira imediata, mas mediante Deus, ou seja, com a mirada fixa no ente infinito".[25]

E isso não se rompe completamente nem sequer nessa época que Lima Vaz denomina "modernidade moderna".[26] Primeiro, porque há uma série de ques-

---

22 LIMA VAZ, *Escritos de Filosofia*, p. 74. É o que demonstra a obra do grande historiador do pensamento antigo Werner Jaeger sobre a teologia dos primeiros filósofos gregos (cf. JAEGER, *La teología de los primeros filósofos griegos*). A teologia, diz ele, "é uma criação específica do espírito grego". Ela é "uma atitude do espírito que é caracteristicamente grego e que tem alguma relação com a grande importância que os pensadores gregos atribuem ao logos, pois a palavra *theologia* quer dizer a aproximação a Deus ou aos deuses (*theoi*) por meio do logos. Para os gregos, Deus se tornou um problema" (JAEGER, *La teología de los primeros filósofos griegos*, p. 10).

23 LIMA VAZ, *Escritos de Filosofia*, p. 74s.

24 LIMA VAZ, *Religião e modernidade filosófica*, p. 153.

25 ZUBIRI, *Sobre el problema de la filosofía y otros escritos*, p. 123s. Como bem adverte Antonio González, "não se trata [aqui] de uma crítica do Cristianismo nem de uma crítica da teologia enquanto tais, mas de uma crítica da função filosófica que a teologia desempenhou no Ocidente" (GONZÁLEZ, *La novidad teológica de la filosofía de Zubiri*, p. 6).

26 LIMA VAZ, *Religião e modernidade filosófica*, p. 152, 154. Segundo ele, "a 'modernidade moderna' irá reformular de maneira profunda e, mesmo, radical, o modelo das relações até então vigentes entre filosofia e religião. Essa reformulação consistirá, em suma, na abolição da estrutura *ontoteológica* e na sua substituição por uma estrutura que propomos designar como *ontoantropológica*" (LIMA VAZ, *Religião e modernidade filosófica*, p. 154s).

Capítulo I

tões desenvolvidas e elaboradas em diálogo estreito com a teologia cristã que continua central no mundo moderno (contingência, individualidade, história etc.).[27] Segundo, porque a modernidade não pode ser simplesmente identificada com as correntes filosóficas anti ou pós-metafísicas. Ela pode ser entendida também "como esforço de reestruturação da filosofia enquanto teologia racional a partir das exigências que emergem do novo contexto cultural",[28] ou seja, a filosofia moderna não é necessariamente uma filosofia fechada ao problema do fundamento último de toda realidade e, por isso, não pode ser tomada sem mais como uma filosofia antiteológica.

b) Teologia

A teologia cristã, por sua vez, embora fincando suas raízes mais profundas no ambiente cultural semítico-judaico, teve que se confrontar desde o início e se desenvolver em diálogo e interação com a filosofia greco-helenística. Esta era, aliás, uma questão de vida ou morte para o cristianismo e sua teologia, na medida em que se se enraizava e se desenvolvia neste novo ambiente cultural.[29]

Na verdade, este diálogo ou esta interação entre teologia e filosofia começa já no interior do próprio judaísmo. "No mundo helenístico, o monoteísmo judaico já entendia a crítica filosófica à fé popular politeísta como afirmação da fé judaica no Deus único." E, "assim como fizera o judaísmo helenístico, também o cristianismo pôde recorrer, no mundo helenístico, aos filósofos em favor de sua mensagem do Deus único de todos os seres humanos, ao qual todos deveriam converter-se (1Ts 1,9), depois de ele ter-se revelado a todos em Jesus Cristo".[30]

Indícios deste diálogo ou interação já aparecem no Novo Testamento. Os Atos dos Apóstolos, por exemplo, fazem referência à discussão entre Paulo e alguns filósofos epicuristas e estoicos (cf. At 17,18). No discurso de Paulo no Areópago (cf. At 17,22-34) aparecem alusões a ideias populares de origem predominantemente estoica.[31] E com os Padres da Igreja esse diálogo se in-

---

27 Cf. PANNENBERG, *Filosofia e teologia*, p. 99-119.

28 OLIVEIRA; ALMEIDA, *O Deus dos filósofos modernos*, p. 9; cf. OLIVEIRA, *A filosofia na crise da modernidade*, p. 173-181, 183-195; OLIVEIRA, *Ética e racionalidade moderna*, p. 174-189; OLIVEIRA, "É necessário filosofar na teologia", p. 201-218; HÖSLE, *Religião, teologia, filosofia*, p. 567-579.

29 Cf. OLIVEIRA, *Diálogos entre fé e razão*, p. 51-62.

30 PANNENBERG, *Filosofia e teologia*, p. 12.

31 Cf. FABRIS, *Os Atos dos Apóstolos*, p. 327-336, especialmente, 333s.

tensificará de tal modo que condicionará e determinará radicalmente o fazer teológico.

Trata-se, sem dúvida, de um diálogo tenso e complexo.[32] Afinal, se por um lado, a filosofia grega foi se constituindo "na forma de teologia", o que possibilitou sua assimilação pela teologia ou mesmo a construção de uma teologia filosófica,[33] por outro lado, "as declarações das diferentes escolas filosóficas sobre a realidade divina não tinham todas o mesmo grau de afinidade com a compreensão bíblico-cristã" e "os teólogos cristãos sempre tiveram consciência de que aquilo que os filósofos dizem de Deus não é idêntico, em todos os aspectos, à mensagem bíblica de Deus".[34]

Diálogo tenso e complexo, mas constitutivo dessa forma de saber que é a teologia cristã, tal como vem sendo desenvolvida ao longo da história. Certamente, há momentos altos e intensos desse diálogo ou dessa interação, como os que se deram com o platonismo a partir do século III e com o aristotelismo nos séculos XII e XIII.[35] Mas ele se dá, inclusive, naqueles casos em que se reage explicitamente contra o uso da filosofia na teologia, como, por exemplo, em Tertuliano, Pedro Damião, Lutero, Barth e Jüngel.[36] E continua se dando na atual reflexão teológica,[37] ainda que nem sempre de modo crítico e consciente.

---

32 "Quando se percorre a história do encontro entre o cristianismo e a cultura grega desde os primeiros séculos de nossa era, é possível distinguir duas linhagens de cristãos: uns, desde Taciano (c. 120) até Kierkegaard (1813-1855), para dizer o mínimo, propensos a acentuar a distância e mesmo a separação entre o cristianismo e o mundo ou a cultura profana. Outros, de Justino (c. 105-c. 165) a, digamos, Hegel (1770-1839), inclinados a ver no Cristianismo o ponto mais alto e a consumação do que a cultura não cristã buscava um pouco às escuras" (NASCIMENTO, *Um mestre do ofício*, p. 104).

33 Cf. LIMA VAZ, *Escritos de filosofia*, p. 73. "Justamente porque a filosofia antiga era *teológica*, a teologia cristã pôde tornar-se filosófica" (LIMA VAZ, *Religião e modernidade filosófica*, p. 153).

34 PANNENBERG, *Filosofia e teologia*, p. 12s.

35 Segundo Lima Vaz, se a teologia cristã se torna "a expressão intelectual mais alta" do novo ciclo civilizatório que se inicia no Ocidente com o cristianismo, isso "se deve ao fato de ter sido realizada com êxito, a partir do século III em Alexandria, a delicada tarefa de recepção e assimilação do platonismo pelo cristianismo, da qual nasceu a primeira grande teologia cristã; operação retomada, com êxito talvez ainda maior, com relação ao aristotelismo nos séculos XII e XIII" (LIMA VAZ, *Religião e modernidade filosófica*, p. 153).

36 Assim, "a teoria estoica do espírito e sua visão de corporeidade do espírito" permitiu a Tertuliano afirmar também "a corporeidade de Deus"; embora Pedro Damião rejeite a autonomia irrestrita da dialética ante a teologia, não rejeita "a dialética em si"; Lutero, além de ter professado em seu período inicial ser ockhamista, "chegou a defender a tese estoica de Lorenzo Valla e John Wiclif de que tudo acontece por necessidade, como descrição do agir onipotente de Deus e de sua providência" (PANNENBERG, *Filosofia e teologia*, p. 18-20); Karl Barth "concebe o Deus cristão utilizando a categoria filosófica de sujeito" e mesmo quando Jüngel "recorre à revelação cristã para eliminar aqueles conceitos metafísicos que resultam incompatíveis com as exigências conceituais dessa revelação", continua sendo condicionado por "certos pressupostos filosóficos" como, por exemplo, "a ideia do mal como negatividade" (GONZÁLEZ, *Teología de la práxis evangélica*, p. 73s).

37 Cf. GIBELLINI, *A teologia do século XX*.

Capítulo I

B. Estrutura teórica

Além de ser um fato constatável/verificável na história da filosofia e da teologia, a relação ou interação entre elas parece estar imbricada na natureza ou na estrutura teórica de seus discursos, ou seja, parece ser algo *constitutivo* de ambas as ciências e, assim, uma *necessidade* que brota da própria estrutura interna dos discursos teológico e filosófico, ainda que por razões e de modos diferenciados.

a) Teologia

Da parte da teologia, não se pode esquecer que ela se constitui como um saber radical ou fundamental, isto é, um saber que se volta para as raízes ou para os fundamentos da realidade que procura inteligir, qual seja, a presença e ação salvíficas de Deus na história ou a realização histórica do reinado de Deus. Um modo de saber fundamentalmente filosófico. E um modo de saber entre outros. É o que Zubiri chama de razão ou conhecimento: um saber que busca conhecer as coisas em profundidade, em sua estrutura fundamental.

A teologia não é a única forma de saber sobre Deus. Deixando de lado os discursos mitológicos sobre Deus, basta recordar outros modos de intelecção muito mais desenvolvidos e, quiçá, mais eficientes na vida da Igreja, como são a liturgia, a arte, os exercícios de piedade etc.[38] A teologia é apenas um modo de saber, por mais importante que seja e por mais vinculado que esteja ou deva estar a outros modos de saber. E um modo de saber que tem uma estrutura semelhante ao modo de saber que é a filosofia, sem que isso negue a especificidade da filosofia e da teologia e a consequente diferença entre eles.[39]

---

38 Cf. ELLACURÍA, *La teología como momento ideológico de la praxis eclesial*, p. 163-185; GONZÁLEZ, *Introducción a la práctica de la filosofía*, p. 87.

39 Especificidade e diferença que se revelam, dentre outros aspectos, pelo ponto de partida e pelo procedimento de cada uma dessas ciências. Enquanto a teologia parte de uma experiência concreta de Deus, a filosofia pode chegar à sua afirmação ou postulação. Enfrentando-se com uma realidade qualquer na busca de conhecê-la em suas últimas determinações a filosofia chega ou pode chegar à afirmação ou postulação de uma realidade absoluta como fundamento último de todas as coisas, de alguma forma relacionável/identificável ao que a teologia chama Deus. A teologia, por sua vez, partindo de uma experiência concreta de Deus, no caso a experiência cristã de Deus, procura compreender e interpretar toda e qualquer realidade a partir e em função dessa realidade experimentada. Neste contexto, é importante ter presente a distinção que Manfredo Oliveira faz entre uma "teologia filosófica" (teoria do Absoluto) e uma "teologia das religiões" (teoria de Deus). Elas "possuem uma *unidade* temática, ou seja, falam em última instância da mesma realidade, e uma *diferença* de horizonte, uma vez que uma trabalha esta realidade fundamental somente a partir da reflexão humana e a outra tematiza as determinações maiores desta mesma realidade a partir da autocomunicação livre de Deus. Esta diferença se exprime terminologicamente através das expressões: Ser absolutamente necessário (própria da filosofia) e Deus (própria das religiões e suas teologias)" (OLIVEIRA, *Filosofia e teologia frente ao desafio do pensamento pós-moderno*, p. 279).

Por isso mesmo, ela não pode ser desenvolvida senão filosoficamente, sem que isso signifique ou implique afiliação a uma escola ou corrente filosófica determinada.[40] Afinal, como vimos, mesmo quando se quer reagir a uma tese/postura filosófica na teologia, essa reação é sempre, de alguma forma, filosófica ou, em todo caso, tem pressupostos e consequências filosóficas.

De modo que a filosofia é um momento constitutivo da reflexão teológica. E não apenas na medida em que ela utiliza conceitos filosóficos ou, em todo caso, conceitos carregados de consequências filosóficas, o que já seria muito.[41] Mas, sobretudo e mais radicalmente, na medida em que ela se constitui como um modo de saber semelhante ao modo de saber filosófico: saber que vai às raízes, aos fundamentos, que procura explicitar a estrutura essencial da realidade a ser conhecida; saber crítico, sistemático, autorregrado. Numa palavra: saber racional.

b) Filosofia

Da parte da filosofia, além de sua histórica vinculação com as tradições religiosas do mundo grego e de modo especial com o cristianismo, como vimos, convém não esquecer que ela (bem como a teologia) não tem um assunto específico que a distinga das demais ciências. Ela trata ou pode tratar de *todas as coisas* e, assim, distingue-se das outras ciências não pelo assunto/objeto/tema, mas pelo *modo de tratamento*. E daqui decorrem duas consequências fundamentais para a relação ou interação entre filosofia e teologia.

Em primeiro lugar, as experiências/tradições religiosas podem e de fato têm sido ao logo da história assunto da filosofia. Ela sempre se confrontou e continua se confrontando com o fenômeno religioso, procurando compreendê-lo em sua raiz e em seu fundamento último, criticando seu caráter mitológico e/ou ideológico e perguntando-se por sua função na atividade individual,

---

40 O próprio papa João Paulo II diz claramente em sua Carta Apostólica *Fides et Ratio* que "a Igreja não propõe uma filosofia própria, nem canoniza uma das correntes filosóficas em detrimento de outras" (JOÃO PAULO II, *Carta Apostólica Fides et Ratio*, n. 49).

41 Como isso se dá sempre, consciente ou inconscientemente, "é preferível um recurso explícito à filosofia, pois ele nos permitirá determinar com o maior grau possível de consciência qual é o instrumental filosófico que vamos utilizar" (GONZÁLEZ, *Teología de la praxis evangélica*, p. 74). E, provavelmente, essa é uma tarefa muito mais da filosofia que da teologia. "É perfeitamente legítimo que a filosofia analise os conceitos que a teologia pressupõe, precisamente porque eles por si mesmos não constituem o objeto da teologia". Além do mais, "ao determinar com rigor o sistema conceitual utilizado, a filosofia liberta a teologia da servidão de conceitos filosóficos incontrolados, possibilitando à revelação cristã a utilização consciente daquelas categorias que considere necessárias para sua própria compreensão" (GONZÁLEZ, *Teología de la praxis evangélica*, p. 75).

social e histórica da humanidade.[42] De modo que o assunto da teologia cristã (a experiência cristã de Deus e sua plasmação no cristianismo) pode ser também assunto da filosofia. Ela trata de tudo e, portanto, trata também da experiência cristã de Deus.

Em segundo lugar, na medida em que trata de todas as coisas a partir de seu fundamento último, quando radicalizada e levada às últimas consequências, desemboca, não raras vezes, naquela realidade totalmente absoluta que a tradição judaico-cristã chama Deus ou, em todo caso, num âmbito de realidade que permite ao menos postular de modo razoável – ainda que discutível, criticável ou negável – uma realidade totalmente absoluta como fundamento último de toda e qualquer realidade.[43] Trata-se, sem dúvida, de uma questão polêmica e complexa, tanto no que diz respeito à problemática do fundamento último quanto, sobretudo, no que diz respeito à sua identificação/vinculação com o Deus cristão, mas, em todo caso, de uma questão razoável e central na história da filosofia e na determinação da especificidade do conhecimento filosófico ou do modo como a filosofia trata de todas as coisas.

De sorte que, seja pelo modo de intelecção (conhecimento), seja pelo assunto (experiência cristã de Deus), seja, inclusive e radicalmente, pelo ponto de vista ou pelo modo de tratamento de todas as coisas (a partir de seu fundamento último), filosofia e teologia estão muito mais implicadas do que parece. Não apenas do ponto de vista histórico (fato), mas também do ponto de vista de sua estrutura teórica (necessidade). E, assim, justifica-se, teoricamente, para além das orientações e determinações do magistério da Igreja, a inserção de uma disciplina teológica no curso de filosofia.

3. Disciplina teológica num curso de filosofia

Depois de esboçarmos a estrutura fundamental da problemática teológica (*realidade – conhecimento*) e explicitar seu vínculo com a filosofia (*fato* historicamente constatável e necessidade que brota da *estrutura teórica* da teologia e da filosofia), justificando, assim, sua inserção no âmbito teórico-acadêmico da filosofia, resta indicarmos alguns elementos que ajudem a determinar o estatuto teórico de uma disciplina teológica em um curso de filosofia.

---

42   Cf. GONZÁLEZ, *Introducción a la práctica de la filosofía*, p. 353-400.

43   Cf. ZUBIRI, *O problema teologal do homem*, p. 13-20.

Convém indicar, de antemão, uma dupla dificuldade com qual nos confrontamos na determinação do estudo teórico dessa disciplina. Primeiro, trata-se de uma *disciplina nova*, tanto enquanto disciplina (diferente da introdução à teologia no curso de teologia) quanto pelo âmbito teórico-acadêmico em que ela se insere (curso de filosofia). Segundo, trata-se de uma disciplina tão *próxima da introdução à teologia no curso de teologia* que não é nada fácil distinguir uma da outra, embora tampouco se possa desconsiderar ou tornar irrelevante o âmbito teórico-acadêmico onde elas se inserem (filosofia e teologia). Sem falar que, em geral, trata-se de uma disciplina de caráter meramente introdutório e de apenas dois créditos.

Em todo caso, cremos que essas dificuldades, na medida em que são explicitadas e formuladas, contribuem, positivamente, na determinação do estatuto teórico da disciplina e, consequentemente, em sua estruturação e organização.

A. Introdução

Trata-se, antes de tudo, de uma disciplina de *introdução* à teologia. E no duplo sentido que a expressão introdução tem entre nós: *iniciação* (ser iniciado em) e *começo* (início dos estudos teológicos). *Etimologicamente* falando, introduzir – *intro* (movimento para dentro), *ducere* (conduzir, levar) – significa conduzir/levar para dentro de algo. Ser introduzido é ser iniciado (na capoeira, no terreiro, em determinados ritos, na fé, na vida religiosa, na universidade, em uma determinada ciência etc.). Acentua-se, aqui, o caráter experiencial/práxico do saber/conhecimento (conhecer homem/mulher, a dor, o sofrimento, a amizade, o amor, Deus etc.). Ser introduzido na teologia, nesta perspectiva, significa ser iniciado da prática teológica. Aprende-se teologia fazendo teologia. *Cronologicamente* falando, introdução significa o começo temporal do processo de iniciação experiencial/práxico do saber/conhecimento, pelo menos num sentido mais elaborado e sistemático, uma vez que a teologia como ciência supõe algum nível de saber, por mais elementar que seja.

E, aqui, temos a primeira característica de nossa disciplina: *caráter introdutório*. Ela está pensada como o *começo* do processo de *iniciação* na prática teológica. Enquanto tal, ela prioriza o processo mesmo de iniciação e sabe que não pode tratar de todas as questões teológicas.

35

Capítulo I

B. Teologia

Enquanto introdução à *teologia*, a disciplina envolve um *âmbito de reali-dade* (Théo/Deus) e um *modo de intelecção* (logos/razão) e pode ser desenvol-vida tanto a partir da realidade pensada (realidade teologal) quanto a partir da atividade pensante (pensamento teológico). Ambos os pontos de partida, como vimos, são legítimos.

Embora conscientes da congeneridade e codeterminação de realidade e pen-samento no processo de conhecimento, tendo em vista o caráter introdutório da disciplina, parece-nos conveniente tomar como *ponto de partida* dessa in-trodução à teologia a *realidade teologal*. E por duas razões fundamentais. Pri-meiro, porque, o que quer seja a realidade teologal, ela é tudo, menos evidente. Com a palavra "Deus" designam-se realidades e conteúdos tão diversos e quiçá contrários que põem em cheque sua aparente unidade e evidência. Mesmo entre os cristãos, não é tão evidente o que seja Deus (para além da formalidade discursiva) ou, para sermos mais precisos, qual seja seu conteúdo. A unidade discursiva *pode* mascarar um pluralismo ou mesmo uma contradição de fato. Segundo, porque, sobretudo no âmbito da filosofia, "Deus" perdeu sua evidên-cia. Se antes a afirmação de Deus era o ponto de partida da filosofia, hoje nem sequer chega a ser, muitas vezes, ponto de chegada da reflexão filosófica. Não se trata simplesmente da inevidência do que seja Deus (seu conteúdo). Trata-se, radicalmente, da inevidência de Deus mesmo (sua realidade).

Dada a importância fundamental da realidade teologal no próprio proces-so de intelecção/pensamento (se é verdade que a intelecção de uma realidade qualquer depende em grande parte das possibilidades intelectivas do homem, também é verdade que o próprio processo de intelecção está determinado pelo que seja e como se deixa apreender a realidade em questão) e sua inevi-dência cultural-filosófica e, inclusive, religiosa, convém (justifica-se!) tomá-la como problema ou via central de nossa introdução ao pensamento teológico. É, certamente, *uma* possibilidade, e estruturalmente articulada a outra pos-sibilidade (atividade pensante). Mas uma possibilidade que, não obstante sua congeneridade com a outra possibilidade e *nessa* congeneridade, tem certa primazia (*prios*):[44] "Na marcha intelectiva, as coisas começam dando que pen-sar e terminam dando [ou tirando] razão".[45]

---

44 ZUBIRI, *Inteligencia sentiente*, p. 160.
45 ZUBIRI, *Inteligencia y razón*, p. 71.

Temos, aqui, explicitada uma segunda característica de nossa disciplina: a introdução na problemática teológica dá-se a partir do âmbito de realidade ou do assunto que a teologia procura inteligir: presença e ação de Deus na história.

C. Curso de filosofia

Por fim, trata-se de uma disciplina de introdução à teologia no *âmbito teórico-acadêmico da filosofia*, o que significa, como vimos, que deve estar estreitamente articulada com a reflexão filosófica ou, melhor, que deve explicitar e desenvolver muito mais os pressupostos e as consequências filosóficas do quefazer teológico. Se o estudo da teologia em geral não pode prescindir sem mais da filosofia, sob pena de perda de criticidade e rigor teórico, menos ainda se pode fazer um estudo da teologia na filosofia. Este é, aliás, uma ocasião privilegiada para se confrontar de modo mais explícito e consequente com os pressupostos e as consequências filosóficas da reflexão teológica.

Tal confronto pode se dar, no caso de uma introdução à teologia, tanto na determinação do modo de saber que é a teologia (conhecimento) quanto na abordagem de seu âmbito de realidade (presença e ação de Deus na história). Aqui, insistimos, sobretudo, na problemática da determinação do assunto da teologia.

Essa é a terceira característica de nossa disciplina: abordagem filosófica do problema de Deus e confronto com os pressupostos e as consequências filosóficas da reflexão teológica.

A partir daqui se pode estruturar a disciplina e elaborar a ementa. Sugerimos, em todo caso, 1) que se parta de uma problematização do estatuto teórico da disciplina, 2) que se leve em conta a abordagem de Deus na filosofia, 3) que se desenvolva a especificidade da experiência e da teologia cristã e, por fim, 4) que ao menos se esboce o cerne da problemática teológica, que pode ser formulada em termos de teoria-práxis.

Bibliografia

AQUINO JÚNIOR, Francisco de. *A teologia como intelecção do reinado de Deus*: o método da teologia da libertação segundo Ignácio Ellacuría. São Paulo: Loyola, 2010.

Capítulo I

BOFF, Clodovis. *Teoria do método teológico*. Petrópolis: Vozes, 1998.

CÓDIGO DE DIREITO CANÔNICO. São Paulo: Loyola, 1997.

CONGAR, Yves. *La foi et la théologie*. Tournai: Desclée, 1962.

ELLACURÍA, Ignacio. *Filosofía de la realidad histórica*. San Salvador: UCA, 1999.

_____. Hacia una fundamentación del método teológico latinoamericano. In: *Escritos Teológicos I*. San Salvador: UCA, 2000. p. 187-218.

_____. La teología como momento ideológico de la praxis eclesial. In: *Escritos Teológicos I*. San Salvador: UCA, 2000. p. 163-185.

FABRIS, Rinaldo. *Os Atos dos Apóstolos*. São Paulo: Loyola, 1991.

GIBELLINI, Rosino. *A teologia do século XX*. São Paulo: Loyola, 1998.

GONZÁLEZ, Antonio. *La novidad teológica de la filosofía de Zubiri*. Madrid: Fundación Xavier Zubiri, 1993.

_____. *Introducción a la práctica de la filosofía*: texto de iniciación. San Salvador: UCA, 2005.

_____. *Teología de la praxis evangélica*: ensayo de una teología fundamental. Santander: Sal Terrae, 1999.

HÖSLE, Vittorio. Religião, teologia, filosofia. *VERITAS* 47 (2002), 567-579.

JAEGER, Werner. *La teología de los primeros filósofos griegos*. México: Fondo de Cultura Económica, 1998.

JOÃO PAULO II. *Carta Apostólica Fides et Ratio*: sobre as relações entre fé e razão. São Paulo: Loyola, 1998.

_____. *Constituição Apostólica sobre as universidades católicas*. São Paulo: Paulinas, 2004.

LIBANIO, João Batista; MURAD, Afonso. *Introdução à teologia*: perfil, enfoques, tarefas. São Paulo: Loyola, 1996.

LIMA VAZ, Henrique Claudio de. *Escritos de Filosofia*: problemas de fronteira. São Paulo: Loyola, 1986.

_____. Religião e modernidade filosófica. *Síntese Nova Fase* 53 (1991), 147-165.

NASCIMENTO, Carlos Arthur Ribeiro do. *Um mestre do ofício*: Tomás de Aquino. São Paulo: Paulus, 2011.

OLIVEIRA, Manfredo Araújo de. *Diálogos entre fé e razão*. São Paulo: Paulinas, 2000.

_____. *A filosofia na crise da modernidade*. São Paulo: Loyola, 1990.

_____. *Ética e racionalidade moderna*. São Paulo: Loyola, 1993.

_____. Filosofia e teologia frente ao desafio do pensamento pós-moderno. *Perspectiva teológica* 132 (2015), 269-288.

_____. "É necessário filosofar na teologia": unidade e diferença entre filosofia e teologia em Karl Rahner. In: OLIVEIRA, Pedro Rubens; PAUL, Claudio. *Karl Rahner em perspectiva*. São Paulo: Loyola, 2004. p. 201-218.

OLIVEIRA, Manfredo; ALMEIDA, Custódio (org.). *O Deus dos filósofos modernos*. Petrópolis: Vozes, 2002.

PANNENBERG, Wolfhart. *Filosofia e teologia*: tensões e convergências de uma busca comum. São Paulo: Paulinas, 2008.

RAHNER, Karl. Conceito de Mistério na teologia católica. In: *O dogma repensado*. São Paulo: Paulinas, 1970. p. 153-216.

_____. O Deus Trino, fundamento transcendente da história da salvação. In: FEINER, Johannes; LOEHRER, Magnus. *Mysterium Salutis*: fundamentos de dogmática histórico-salvífica II/1: a História da salvação antes de Cristo. Petrópolis: Vozes, 1978. p. 283-359.

RITO, Frei Honório. *Introdução à teologia*. Petrópolis: Vozes, 1999.

VATICANO II. *Mensagens, discursos e documentos*. São Paulo: Paulinas, 2007.

ZUBIRI, Xavier. *Inteligencia sentiente*: inteligencia y realidad. Madrid: Alianza Editorial, 2006.

_____. *Inteligencia y logos*. Madrid: Alianza Editorial, 2002.

_____. *Inteligencia y razón*. Madrid: Alianza Editorial, 1983.

_____. O problema teologal do homem. In: OLIVEIRA, Manfredo; ALMEIDA, Custódio (org.). *O Deus dos filósofos modernos*. Petrópolis: Vozes, 2002. p. 13-20.

_____. *Sobre el hombre*. Madrid: Alianza Editorial, 1998.

_____. *Sobre el problema de la filosofía y otros escritos (1932-1944)*. Madrid: Alianza Editorial, 2002.

CAPÍTULO II

Abordagens filosóficas sobre Deus[1]

A filosofia sempre se confrontou com a problemática de Deus. Este é um dos seus temas centrais. Aliás, a origem da filosofia está estreitamente ligada à religião.[2] Seja na medida em que submetia os mitos religiosos a uma crítica racional, constituindo-se em sentido estrito como mito-*logia* ou teo-*logia*, seja na medida em que se desenvolvia num contexto cultural profundamente marcado por uma visão religiosa do mundo que oferecia não só problemas a serem pensados, mas, radicalmente, a inspiração e o horizonte em que esses problemas poderiam ser pensados. A tal ponto que "no seu recurso crítico à tradição religiosa, a filosofia vinculou a legitimidade do falar sobre Deus à demonstrabilidade da [sua] função de *arché*"[3] da realidade. E nem poderia ser diferente, uma vez que o homem antigo era essencialmente religioso.

Essa problemática de Deus atravessa toda a história da filosofia ocidental e está muito presente na atualidade.[4] É um tema tratado por praticamente todos os filósofos, ainda que a modo de negação. E é um tema essencial e radical, na medida em que diz respeito, positiva ou negativamente, à ultimidade e à radicalidade da reflexão filosófica.

Não vamos tratar, aqui, evidentemente, das diferentes compreensões de Deus e das diferentes argumentações sobre Deus desenvolvidas ao longo da

---

1   Publicado em *Teocomunicação* 47 (2017) 103-116.

2   Cf. JAEGER, *La teologia de los primeiros filósofos griegos*; LIMA VAZ, *Teologia medieval e cultura moderna*, p. 71-86; PANNENBERG, *Filosofia e teologia*, p. 9-16.

3   Cf. PANNENBERG, *Filosofia e teologia*, p. 12.

4   Cf. CORETH, *Deus no pensamento filosófico*; JORDAN, *Filosofia da religião*; PENZO; GIBELLINI, *Deus na filosofia do século XX*; OLIVEIRA; ALMEIDA, *O Deus dos filósofos modernos*; OLIVEIRA; ALMEIDA, *O Deus dos filósofos contemporâneos*.

Capítulo II

história da filosofia. Nem temos competência para isto, nem seria possível fazê-lo num trabalho como este. Nossa pretensão é mais modesta e tem um caráter didático voltado para o ensino da filosofia. Queremos simplesmente esboçar o que consideramos as linhas ou vias fundamentais de abordagem, argumentação ou justificação filosófica sobre Deus percorridas ou desenvolvidas pela tradição filosófica ocidental.

Na *Crítica da razão pura*, depois de investigar os princípios apriorísticos da sensibilidade: espaço e tempo (estética transcendental) e os elementos apriorísticos do entendimento: quantidade, qualidade, relação e modalidade (analítica transcendental), Kant se confronta com a possibilidade do conhecimento metafísico: alma, universo e ser supremo (dialética transcendental).[5] No que diz respeito ao conhecimento de Deus, Kant identifica e refuta na tradição ocidental três tipos de provas racionais da existência de Deus: "prova ontológica", "prova cosmológica" e "prova físico-teológica".[6] A partir daí, tornou-se comum falar de três vias, justificações, provas ou argumentos racionais da existência de Deus: cosmológico, ontológico, teológico.[7] No fundo, eles se reduzem a dois tipos de argumentos, uma vez que o argumento teleológico diz respeito à ordem ou à finalidade do mundo natural e, assim, pode ser tomado como mais uma variante do argumento cosmológico.

Já Antonio González, influenciado por Zubiri e Ellacuría, fala de duas formas clássicas de justificação racional de Deus na filosofia: "naturalista" e "subjetivista". E, a partir das críticas feitas e desenvolvidas sobre essas formas de justificação filosófica de Deus, indica uma terceira forma: justificação "práxica".[8] Esta não parte nem da *natureza* (justificação naturalista) nem da *consciência* (justificação subjetivista), mas da interação do homem com o mundo ou da *ação humana* (justificação práxica).

Teríamos, assim, três tipos fundamentais de abordagem filosófica sobre Deus: *abordagem cosmológica ou naturalista, abordagem antropológico-subjetivista* (já que existem várias formas de abordagem antropológica: inteligência,

---

5   Cf. KANT, *Crítica da razão pura*.

6   Cf. KANT, *Crítica da razão pura*, p. 364-393.

7   Cf. ANZENBACHER, *Introdução à filosofia ocidental*, p. 340ss; WILKINSON; CAMPBELL, *Filosofia da religião*, p. 136-207; ROWE, *Introdução à filosofia da religião*, p. 39-107.

8   Cf. GONZÁLEZ, *Introducción a la práctica de la filosofía*, p. 353-400.

vontade, sentimento etc.) e *abordagem práxica*. Certamente, cada uma dessas abordagens tem uma variedade enorme de elaboração e formulação que aqui não podemos sequer indicar. E é possível que haja ou que se possa desenvolver outras abordagens que extrapolem essas formas indicadas, constituindo-se como novos tipos de abordagem filosófica sobre Deus. Em todo caso, não há dúvida de que a grande maioria das abordagens sobre Deus na história da filosofia pode ser qualificada como abordagens naturalistas ou antropológicas ou práxicas. Sem falar no caráter sistemático e didático-pedagógico dessa apresentação da problemática de Deus na filosofia.

E esta é a estrutura fundamental de nosso texto: abordagem cosmológica ou naturalista; abordagem antropológico-subjetivista; abordagem práxica. Em cada uma dessas abordagens, começaremos explicitando suas características fundamentais, apresentaremos sua formulação em um determinado filósofo e concluiremos com uma apreciação crítica dessa abordagem. Na escolha do filósofo para cada abordagem, levamos em conta sua importância e representatividade na referida abordagem, mas consideramos também diversos períodos da história da filosofia: medieval, moderno, contemporâneo. Assim, apresentaremos as formulações de Tomás de Aquino (abordagem cosmológica ou naturalista), de Descartes (abordagem antropológico-subjetivista) e de Xavier Zubiri (abordagem práxica).

1. Abordagem cosmológica ou naturalista

A. *Caracterização*

Trata-se da maneira mais clássica de formular o problema de Deus da filosofia. Remonta aos inícios mesmos da filosofia na Grécia, é radicalizada na filosofia aristotélica e retomada e reelaborada pela filosofia medieval.

Esta forma de abordagem filosófica de Deus parte da estrutura do cosmos/universo ou, precisamente, de um conjunto de teses ou hipóteses sobre ele (movimento, causalidade, contingência, graus de ser, ordem/finalidade) para, a partir daí, demonstrar racionalmente a existência ou a necessidade da existência de Deus (motor imóvel, causa primeira, ser necessário, ser supremo, inteligência suprema).

Fala-se, aqui, de argumento cosmológico ou de justificação naturalista porque toma como *ponto de partida* e como *referencial teórico-conceitual* de sua reflexão e argumentação o cosmos ou a natureza ou um conjunto de hipóteses ou uma determinada compreensão do cosmos ou da natureza.

Na formulação de Kant na *Crítica da razão pura*: "A prova começa propriamente com a experiência, por conseguinte, não procede totalmente *a priori* ou ontologicamente, e visto que o objeto de toda experiência possível denomina-se mundo, a prova é denominada cosmológica".[9]

Segundo Xavier Zubiri, "a filosofia e sobretudo a teologia clássica partiram da realidade considerada como isso que chamamos natureza [...]. Daí que tomaram como base de sua discussão a estrutura do cosmos; e se propuseram fundamentar a existência de Deus com argumentos tomados de fatos cósmicos".[10]

Dentre as diversas formulações desse tipo de abordagem ou argumento, destacam-se as famosas "cinco vias" de prova ou demonstração da existência de Deus de Tomás de Aquino, teólogo-filósofo do século XIII.[11]

B. Formulação em Tomás de Aquino (1225-1274)

Antes de tudo, é importante ter presente que as "cinco vias" para provar ou demonstrar a existência de Deus encontram-se na *Suma Teológica* (*ST*) e que, como adverte Coreth, "essas demonstrações da existência de Deus já estão de antemão dentro do horizonte da fé e pressupõem, por isso, uma compreensão 'do que denominamos Deus'",[12] embora seja preciso ou conveniente demonstrá-la racionalmente.

É importante também atentar para o modo como Tomás estrutura sua reflexão na *ST* – uma maneira típica de seu tempo e bem distante da nossa. A *ST* está dividida em três partes. Cada parte é composta de várias questões.

---

9   KANT, *Crítica da razão pura*, p. 374.

10   ZUBIRI, *El hombre y Dios*, p. 118.

11   "No que se sabe de sua vida, de seus estudos e de sua obra, nada autoriza a pensar que ele mesmo jamais se considerasse um filósofo nem que ele tenha nutrido a ambição de ter uma filosofia pessoal" (GILSON, *Introdução à filosofia cristã*, p. 47); "como teólogo, o único objetivo de seu esforço é o de construir uma teologia, não uma filosofia" (GILSON, *Introdução à filosofia cristã*, p. 59).

12   CORETH, *Deus no pensamento filosófico*, p. 162.

Abordagens filosóficas sobre Deus

E cada questão está dividida em vários artigos. Cada artigo começa indicando o problema a ser tratado em forma de *questão*; apresenta as *objeções* à tese defendida e os argumentos *contrários* a essas objeções; desenvolve a posição ou a *resposta* de Tomás ao problema em questão; e, a partir da resposta, *replica* as objeções inicialmente indicadas.[13]

O texto que nos interessa aqui, as chamadas "cinco vias", é a resposta do artigo 3 da questão 2 da parte I da *ST*, que trata da existência de Deus (*ST* I, q. 2, a. 3, resp.). Não vamos fazer uma apresentação geral do artigo, mas apenas da resposta que Tomás de Aquino dá a esse problema ou, precisamente, da estrutura de seu argumento.[14]

Ele começa afirmando que "pode-se provar a existência de Deus por cinco vias" e passa, imediatamente, a apresentar essas cinco vias.

A *primeira via*[15] "parte do movimento": "nossos sentidos atestam que neste mundo algumas coisas se movem"; "mover nada mais é do que levar algo da potência ao ato"; "é preciso que tudo que se move seja movido por outro"; "não se pode continuar até o infinito, pois neste caso não haveria um primeiro motor, por conseguinte, tampouco outros motores"; "é então necessário chegar a um primeiro motor, não movido por nenhum outro, e um tal ser, todos entendem: é Deus".

A *segunda via*[16] "parte da razão de causa eficiente": "encontramos nas realidades sensíveis uma ordem entre as causas eficientes"; "mas não se encontra algo que seja a causa eficiente de si próprio, porque desse modo seria anterior a si próprio, o que é impossível"; e não se pode "continuar até o infinito" porque, "se não existisse a primeira entre as causas eficientes, não haveria

---

13   Cf. WILKINSON; CAMPBELL, *Filosofia da religião*, p. 160.

14   Cf. CORETH, *Deus no pensamento filosófico*, p. 160-163; WILKINSON; CAMPBELL, *Filosofia da religião*, p. 160-168, 184s, 198s; ROWE, *Introdução à filosofia da religião*, p. 40s; GONZÁLEZ, *Introducción a la práctica de la filosofía*, p. 355.

15   Esse argumento está baseado em Aristóteles. "Talvez a contribuição mais importante de Aristóteles às teorias da existência de Deus seja sua noção de Deus como primeiro motor", que será retomada por Tomás como a primeira de suas "cinco vias" (WILKINSON; CAMPBELL, *Filosofia da religião*, p. 81).

16   Também, aqui, Tomás recorre a Aristóteles com sua teoria das quatro causas. "Na qualidade de um observador atento ao mundo [filho de médico], Aristóteles acreditava nas noções de causa e efeito. Desenvolveu o conceito amplamente na *Física*, mas a ideia é central em toda a sua obra. Identificou quatro tipos de causa que fazem algo ser o que é": *causa material* [aquilo de que algo é feito], *causa formal* [forma ou formato que algo recebe], *causa eficiente* [aquilo/aquele que faz algo], *causa final* [finalidade] (WILKINSON; CAMPBELL, *Filosofia da religião*, p. 79s).

Capítulo II

a última nem a intermediária" e, "supressa a causa, suprime-se também o efeito"; "logo, é necessário afirmar uma causa eficiente primeira a que todos chamam Deus".

A *terceira via*[17] "é tomada do possível e do necessário": "encontramos, entre as coisas, as que podem ser ou não ser" (nascem e perecem); "o que pode não ser não é em algum momento"; "se tudo pode não ser, houve um momento em que nada havia";[18] "se isso é verdadeiro, ainda agora nada existiria, pois o que não é só passa a ser por intermédio de algo que já é"; "assim, nem todos os entes são possíveis, mas é preciso que algo seja necessário entre as coisas"; "aqui também não se pode continuar até o infinito" e "é necessário afirmar a existência de algo por si mesmo [...] que é a causa da necessidade para os outros: o que todos chamam Deus".

A *quarta via*[19] "se toma dos graus que se encontram nas coisas": "encontra-se nas coisas algo mais ou menos bom, verdadeiro, nobre etc."; "mais ou menos se diz de coisas diversas conforme elas se aproximam diversamente daquilo que é em si o máximo"; "existe em grau supremo algo verdadeiro, bom, nobre e, consequentemente, o ente em grau supremo", pois "o que é em sumo grau verdadeiro, é ente em supremo grau" e "o que se encontra no mais alto grau em determinado gênero é causa de tudo que é desse gênero"; "existe então algo que é, para todos os entes, causa de ser, de bondade e de toda perfeição: nós o chamamos Deus".

---

17   "Nesse argumento vemos claramente a influência de Boécio [...]. O argumento de Tomás, em essência, parece ser que todas as coisas em nossa experiência são contingentes, mas nem todas as coisas podem ser contingentes. Deve haver alguma coisa necessária, independentemente de qualquer outra coisa, da qual todas as demais dependem" (WILKINSON; CAMPBELL, *Filosofia da religião*, p. 165). "Boécio, em seu *Comentário às categorias de Aristóteles*, argumenta que todas as coisas que podemos pensar acontecem em uma ou mais das quatro categorias: pode existir, pode não existir, não pode existir, não pode não existir" (WILKINSON; CAMPBELL, *Filosofia da religião*, p. 141).

18   Essa passagem de coisas contingentes à contingência de tudo supõe, sem dúvida, a fé na criação de todas as coisas por Deus ou a fé no Deus criador de todas as coisas.

19   "O quarto caminho é de procedência platônica e mostra que há nas coisas degraus de perfeição" (CORETH, *Deus no pensamento filosófico*, p. 161). A propósito do exemplo do fogo: "De maneira tão condensada que seu procedimento permanece obscuro, tal raciocínio evoca o grande tema metafísico da participação, que não provém de Aristóteles, mas de Platão, e que, profundamente remodelado pela introdução da causalidade eficiente e da limitação do ato pela potência – estas sim provenientes de Aristóteles –, está no centro da metafísica de Sto. Tomás" (NICOLAS, *O Deus único*, p. 168, nota K). O argumento de Tomás parte da "suposição da *Metafísica* de Aristóteles de que há uma correlação entre a verdade maior e ser maior" (WILKINSON; CAMPBELL, *Filosofia da religião*, p. 198). No fundo, essa via articula a teoria da participação de tradição (neo)platônica com as teorias aristotélicas da causalidade eficiente e da correlação entre verdade maior e ser maior e a verdade de fé da criação de todas as coisas por Deus.

Abordagens filosóficas sobre Deus

A *quinta via*[20] "é tomada do governo das coisas": "vemos que algumas coisas que carecem de conhecimento agem em vista de um fim – sempre ou na maioria das vezes agem da mesma maneira a fim de alcançarem o que é ótimo"; "não é por acaso, mas em virtude de uma intensão que alcançam o fim"; "aquilo que não tem conhecimento não tende a um fim, a não ser dirigido por algo que conhece e que é inteligente, como a flecha pelo arqueiro"; "logo, existe algo inteligente pelo qual as coisas naturais são ordenadas ao fim e a isso nós chamamos Deus".

No fundo, essas cinco vias têm a mesma estrutura argumentativa: partem do que se consideram *fatos incontestáveis*, atestados pelos sentidos, cuja explicação racional exige ou leva necessariamente a *afirmação da existência de Deus* como explicação última desses supostos fatos.

C. Apreciação crítica

Sem dúvida, o raciocínio ou argumento de Tomás de Aquino nas "cinco vias" é muito lógico e nisso reside sua força e seu poder de convencimento. Mas ele repousa sobre determinados pressupostos que se tornaram problemáticos ou, pelo menos, deixaram de ser evidentes no mundo moderno. Pressupostos que, como sintetiza e indica Xavier Zubiri, dizem respeito tanto ao ponto de partida (fatos cósmicos?) quanto ao ponto de chegada (Deus?) de sua argumentação.[21]

Ele parte do que considera *fatos* atestados pelos sentidos. Mas o que ele considera fatos, na verdade, não são senão uma interpretação ou teoria físico-metafisica da realidade sensível, de cunho aristotélico, que deixou de ser evidente e se tornou problemática sob muitos aspectos,[22] como se pode ver, inclusive, em comentários um tanto "devotos" e apologéticos.[23] Não é nada

---

20 "Esse argumento diz respeito ao *design em vista de um fim* – as coisas estão dispostas juntas para terem uma função. Aqui vemos diretamente a influência da noção aristotélica de que a natureza é teleológica, onde as coisas agem em vista de um fim" (WILKINSON; CAMPBELL, *Filosofia da religião*, p. 1988). Vale recordar, aqui, a teoria da causalidade, concretamente a causa final (cf. WILKINSON; CAMPBELL, *Filosofia da religião*, p. 80). Para Kant, essa prova, que ele denomina físico-teológica, "merece sempre ser citada com respeito. Trata-se da mais antiga, mais clara e mais conforme com a razão humana comum" (KANT, *Crítica da razão pura*, p. 384).

21 Cf. ZUBIRI, *El hombre y Dios*, p. 118-123.

22 Cf. ZUBIRI, *El hombre y Dios*, p. 119-121.

23 Cf. NOUGUÉ, *Apresentação*, p. 49-63.

Capítulo II

evidente, por exemplo, que movimento seja passagem de potência a ato, que se possa falar realmente de causalidade, que haja verdadeira finalidade no mundo natural, que o mundo seja contingente etc. A base de argumentação de Tomás não são, como ele indica, fatos, mas a metafísica de Aristóteles, por mais que seja reelaborada a partir e em função da doutrina cristã. E "não se deve ignorar uma certa unilateralidade nessas demonstrações. A ligação estreita com Aristóteles exclui um outro acesso a Deus mais derivado do homem, tal como é próprio do pensamento de Agostinho e ainda desenvolvido por Boaventura".[24]

Também o ponto de chegada de seu argumento é bastante problemático.[25] E num duplo sentido, como indica Zubiri. Antes de tudo, haveria que ver se "estas cinco 'primariedades' (motor imóvel, causa primeira, algo necessário, algo supremo, algo inteligente) se identificam entre si em um mesmo ente". E, mesmo que se provasse essa identificação, "isto não significa que se provou sem mais que esse ente supremo seja formalmente Deus, o que entendemos por Deus".[26] Há, aqui, como que um salto não justificado que identifica sem mais o ponto de chegada desses argumentos com o Deus cristão. E isso não é nada evidente, como supõe Tomás de Aquino.

2. Abordagem antropológico-subjetivista

A. Caracterização

Diferentemente da abordagem cosmológica ou naturalista, temos, aqui, uma abordagem que em certo sentido pode ser dita antropológica, já que parte do homem como realidade distinta do cosmos. Mas, como o homem é uma realidade complexa, constituída por múltiplas dimensões, esse tipo de abordagem recebeu diferentes configurações a partir de diferentes dimensões da vida humana. Por exemplo: inteligência (Agostinho), vontade (Kant), sentimento (Schleiermacher).[27]

---

24 CORETH, *Deus no pensamento filosófico*, p. 162s.

25 Cf. ZUBIRI, *El hombre y Dios*, p. 121ss; CORETH, *Deus no pensamento filosófico*, p. 162; ROWE, *Introdução à filosofia da religião*, p. 40s. GILSON, *Introdução à filosofia cristã*, p. 42s.

26 ZUBIRI, *El hombre y Dios*, p. 122.

27 Cf. ZUBIRI, *El hombre y Dios*, p. 123s.

Vamos tratar de uma dessas abordagens "antropológicas" da existência de Deus que parte da dimensão inteligente da vida humana e que é nomeada de várias formas: argumento anselmiano, argumento *a priori*, argumento ontológico, argumento subjetivista. Ela será formulada, aqui, em termos de argumento antropológico-subjetivista. Sua característica principal consiste em ser um argumento *a priori*, no qual "a definição verdadeira de Deus necessariamente requer sua existência, exatamente como a definição de um quadrado necessariamente requer que tenha quatro lados".[28]

Enquanto a *abordagem cosmológico-naturalista* partia da estrutura do *cosmos/universo* ou de um conjunto de teses ou hipóteses sobre ele para, a partir daí, demonstrar racionalmente a existência de Deus, a *abordagem antropológico-subjetivista*, prescindindo de toda experiência do mundo, busca demonstrar a existência de Deus a partir da *ideia mesma de Deus* como ser supremo e/ou ser perfeitíssimo. Por isso mesmo, fala-se, aqui, de argumento ou justificação *a priori*: um "conhecimento que não depende da experiência sensível, mas do significado das palavras".[29]

Embora seja sempre referido a Anselmo (1033-1109) ou à sua definição de Deus como o "ser acima do qual nada maior podemos pensar",[30] como adverte Coreth, "a formulação não é novidade de Anselmo, encontra-se de forma semelhante em Cícero, Sêneca, Agostinho e Boécio. Nova, no entanto, é a interpretação de que aí a existência de Deus está conceitualmente contida".[31] Ela será retomada por Descartes no contexto da crise da metafísica clássica e do nascimento da modernidade.

B. Formulação em Descartes (1596-1650)

Não se sabe ao certo se Descartes conhecia o argumento de Anselmo, embora seja muito provável e ele mesmo parece ter dado a entender a amigos que sim. Em todo caso, seu argumento é similar ao de Anselmo, tanto em seu caráter *a priori* quanto "em sua suposição de que a existência é intrínseca à definição de Deus".[32]

---

28 WILKINSON; CAMPBELL, *Filosofia da religião*, p.137.

29 WILKINSON; CAMPBELL, *Filosofia da religião*, p. 76.

30 Cf. ANSELMO DE CANTUÁRIA, *Proslógio*, p. 44-47.

31 CORETH, *Deus no pensamento filosófico*, p. 146; cf. ANZERBACHER, *Introdução à filosofia ocidental*, p. 354.

32 WILKINSON; CAMPBELL, *Filosofia da religião*, p. 146.

Mas o contexto é bem diferente. Descartes marca o início de uma grande virada na filosofia que, séculos depois, será reconhecida e nomeada por Kant como uma verdadeira "revolução copernicana" no pensamento ocidental, o que significa que, em vez da "intuição" ser regulada pela "natureza do objeto", como acontecia na filosofia antiga e medieval, o "objeto" passa a ser regulado pela "natureza de nossa faculdade de intuição".[33] Não por acaso Descartes é considerado pai da filosofia moderna.

"A consciência e não a natureza é o novo ponto de partida da filosofia". E neste contexto, claro, "as provas e demonstrações da existência de Deus já não vão se fundar em uma descrição do universo natural, mas na consciência e na razão humana". Noutras palavras: "a filosofia se torna subjetivista e, consequentemente, também se subjetivisa o problema de Deus".[34]

No centro das preocupações de Descartes está a busca de um conhecimento certo e verdadeiro, do qual não se possa duvidar. No *Discurso do método* (1637) e nas *Meditações filosóficas* (1641) ele expõe o caminho/método e os princípios desse conhecimento certo e verdadeiro. Começa duvidando de tudo (dúvida metódica) até chegar a algo do qual não se possa mais duvidar e no qual se possa fundar um conhecimento certo: posso duvidar de tudo (sentidos, ideias), mas não posso duvidar de que, quando duvido, existo (*cogito, ergo sum*).[35]

Partindo dessa certeza subjetiva, ele se esforça para demonstrar a existência do mundo objetivo. Mas para isso tem que recorrer a Deus que, sendo verdadeiro e poderoso, não permite que nos enganemos. Antes de demonstrar a existência de uma realidade objetiva, tem, portanto, que demonstrar a existência de Deus. E não pode fazer isso recorrendo à natureza, como faz, por exemplo, Tomás de Aquino. Pelo contrário. Tem que demonstrar a existência de Deus "prescindindo da realidade do mundo, da qual não temos certeza verdadeira até que estejamos seguros da realidade de Deus". Para isto, "recorrerá a várias provas, dentre elas o chamado argumento anselmiano ou argumento ontológico",[36] como aparece na *Quinta Meditação*.

---

33 KANT, *Crítica da razão pura*, p. 39.

34 GONZÁLEZ, *Introducción a la práctica de la filosofía*, p. 356.

35 Cf. WILKINSON; CAMPBELL, *Filosofia da religião*, p. 144. Essa forma de argumentar já se encontra em Agostinho (cf. SANTO AGOSTINHO, *A Trindade*, X, 10).

36 GONZÁLEZ, *Introducción a la práctica de la filosofía*, p. 356.

Em suas *Meditações*,[37] "Descartes tenta reconstruir todo o conhecimento a partir dos [seus] princípios primeiros";[38] ele tenta apresentar os princípios ou os fundamentos de um conhecimento certo e verdadeiro: A primeira meditação trata "das coisas que se podem colocar em dúvida" (dúvida metódica); a segunda trata "da natureza do espírito humano e de como ele é mais fácil de conhecer do que o corpo" (*cogito, ergo sum*); a terceira trata "de Deus, que ele existe" (existência de Deus como realidade objetiva); a quarta trata "do verdadeiro e do falso" (possibilidade do erro); a quinta trata "da essência das coisas materiais e, novamente, de Deus e de sua existência" (ideias matemáticas e argumento ontológico); e a sexta trata "da existência das coisas materiais e da distinção real entre a alma e o corpo do homem" (coisas materiais).

Quanto à *Quinta Meditação*, onde aparece o chamado "argumento ontológico", começa com o "exame das ideias das essências" (§§ 1-2), prossegue com a "validação da verdade das essências matemáticas" (§§ 3-6), apresenta a "prova ontológica" (§§ 7-10) e conclui indicando as "vantagens desta nova prova" (§§ 11-15).[39]

§§ 1-2: "Ver se não é possível conhecer nada de certo no tocante às coisas materiais"; consideração prévia das "ideias" que se encontram no "pensamento" para ver "quais são distintas e quais são confusas".

§§ 3-6: Ideia de "quantidade" (extensão, partes, duração); "infinidade de particularidades" (números, figuras, movimentos); essas ideias "possuem suas naturezas verdadeiras e imutáveis" (por exemplo, em todo triângulo "os três ângulos são iguais a dois retos" e "o maior ângulo é oposto ao maior lado"); infinidade de outras ideias claras e distintas da aritmética e da geometria que não passam pelos sentidos.

§§ 7-10: Argumento/prova da existência de Deus: "ideia de um ser soberano e perfeito", a cuja "natureza" pertence "uma existência atual e eterna"; embora se possa "em todas as coisas fazer distinção entre a existência e a essência", "a existência não pode ser separada da essência de Deus"; "do simples fato de eu não poder conceber Deus sem existência, segue-se que a existência

---

37   DESCARTES, *Os Pensadores*, p. 75-142.

38   WILKINSON; CAMPBELL, *Filosofia da religião*, p. 144.

39   Cf. LEBRUN, *Prefácio e notas*, p. 131, nota 130.

lhe é inseparável e, portanto, que existe verdadeiramente"; sempre que "pensar em um ser primeiro e soberano [...] é necessário que eu lhe atribua todas as espécies de perfeição [...] esta necessidade é suficiente para me fazer concluir [...] que este ser primeiro e soberano existe verdadeiramente"; "esta ideia [...] é a imagem de uma natureza verdadeira e imutável": só em Deus a existência pertence à essência, só é possível conceber um Deus dessa maneira, não posso diminuir nem mudar nada em Deus.

§§ 11-15: "São somente as coisas que concebo clara e distintamente que têm a força de me persuadir inteiramente": algumas "conhecidas de qualquer" pessoa e outras conhecidas apenas "por aqueles que as consideram mais de perto e que as examinam mais exatamente" (triângulo retângulo, Deus); "a certeza de todas as outras coisas depende tão absolutamente [da certeza de Deus] que, sem esse conhecimento, é impossível jamais conhecer algo perfeitamente"; "se eu ignorasse que há um Deus [...] eu jamais teria uma ciência verdadeira e certa de qualquer coisa que seja, mas somente opiniões vagas e inconstantes"; "a certeza e a verdade de toda ciência depende tão só do conhecimento do verdadeiro Deus [...] e, agora que o conheço, tenho o meio de adquirir uma ciência perfeita no tocante à uma infinidade de coisas".

A estrutura do argumento de Descartes é muito clara: parte de uma infinidade de ideias claras e distintas em seu pensamento; reconhece que essas ideias possuem suas naturezas verdadeiras e imutáveis; entre essas ideias está a ideia de Deus como ser soberano e perfeito; a um ser perfeito pertencem todas as perfeições e, portanto, também a existência atual e eterna; logo, Deus existe necessariamente.

C. Apreciação crítica

Vários filósofos se confrontaram com esse tipo de abordagem que, especialmente a partir de Anselmo, marca decisivamente o debate filosófico sobre Deus. A crítica a esse tipo de argumento pode ser resumida em duas questões fundamentais: salto do ideal para o real e existência como predicado.

Uma primeira questão tem a ver com a passagem automática do mundo ideal para o mundo real. A crítica já aparece na reação ao *Proslógio* de Anselmo feita pelo beneditino Gaunilo em seu *Livro escrito a favor de um insensato*.[40] É retomada por Tomás de Aquino na *ST*, ao se perguntar "se a existência de Deus é evidente por si mesma",[41] por Kant, em sua crítica ao chamado "argumento antológico",[42] e por muitos outros. O cerne da crítica, como indica Coreth, consiste na tese de que "a realidade (*esse in re*) contida no pensamento do ser superior a tudo é mesmo assim somente uma realidade pensada (*esse in intellectu*), que não se aproxima da existência real de Deus. Portanto, de fato, um salto do pensamento para o ser real".[43] Nas palavras de Antonio González, "Descartes passa com demasiada rapidez de uma dedução ideal (a ideia de um ser perfeito inclui sua existência) a uma conclusão real: esse ser perfeito existe". Isso só é possível partindo do pressuposto racionalista de uma "correspondência perfeita" entre "a ordem ideal e a ordem real", o que não é tão evidente assim.[44]

Uma segunda questão, formulada por Kant, tem a ver com a compreensão de existência como predicado: "*Ser* evidentemente não é um predicado real, isto é, um conceito de qualquer coisa que possa ser acrescido ao conceito de outra coisa [...]. Portanto, quando penso uma coisa [...], o fato de eu ainda acrescentar que essa coisa *é* não acrescenta nem um pouquinho à coisa".[45] Noutras palavras, uma prova ontológica não é possível porque "a existência não é um predicado". Na verdade, "quando dizemos que uma coisa existe, não estamos dizendo nada de novo sobre os conteúdos de sua realidade", mas simplesmente que "minha descrição corresponde a um objeto real".[46]

Sem falar que inteligência não se reduz a consciência e não existe nem pode ser compreendida independentemente das outras dimensões da vida humana: vontade, sentimento etc. Nem a vida humana pode ser compreendida independentemente ou, pior, em oposição ao cosmos ou à natureza. Não existe o homem enquanto tal nem muito menos a inteligência enquanto tal. É sempre

---

40   Cf. GAUNILO, *Livro escrito a favor de um insensato*, p. 83-93.

41   Cf. TOMÁS DE AQUINO. *Suma Teológica I*, q. 2, a. 1.

42   KANT, *Crítica da razão pura*, p. 368-373.

43   CORETH, *Deus no pensamento filosófico*, p. 271s.

44   GONZÁLEZ, *Introducción a la práctica de la filosofía*, p. 356s.

45   KANT, *Crítica da razão pura*, p. 371s.

46   GONZÁLEZ, *Introducción a la práctica de la filosofía*, p. 358.

Capítulo II

a tentação das chamadas vias antropológicas: contrapor o homem à natureza e isolar e substantivar determinada dimensão da vida humana.[47]

3. Abordagem práxica

A. *Caracterização*

Este tipo de abordagem é relativamente recente e está ligada à descoberta da historicidade da vida e do pensamento, e, concretamente, ao desenvolvimento das filosofias da práxis em seu esforço de superação dos reducionismos cosmológicos e antropológicos que marcam a história da filosofia.

Diferentemente da *abordagem cosmológico-naturalista* que parte do cosmos ou da natureza como realidade distinta do homem e da *abordagem antropológico-subjetivista* que parte do homem ou, precisamente, da dimensão inteligente da vida humana em contraposição ao cosmos ou à natureza, a *abordagem práxica* parte da interação do homem com o mundo.

Seu ponto de partida, portanto, nem é o *cosmos* nem o *homem*, tomados isoladamente e/ou em contraposição um ao outro, mas a *ação humana* estruturada por uma dupla dimensão: dimensão subjetiva e dimensão natural. Na práxis humana, a realidade intramundana aparece como um todo constituído por múltiplos aspectos ou dimensões em relação uns aos outros; um todo coerente e sistematicamente estruturado, no qual as diversas dimensões que o constituem nem existem isoladamente nem se reduzem umas às outras.

A questão, aqui, consiste em saber se a ação humana ou a práxis enquanto interação do homem com o mundo implica de alguma forma e em alguma medida um problema de Deus enquanto fundamento último da realidade em seu todo. Noutras palavras, trata-se de ver se a práxis tem uma estrutura estritamente teologal, isto é, se em si mesma envolve e remete a Deus.

Certamente, nem todas as filosofias da práxis apreenderam e explicitaram adequadamente a estrutura teologal da práxis. Muitas vezes, a práxis foi reduzida à sua dimensão política em oposição ou mesmo em contraposição às múltiplas dimensões que a constituem, estruturam e dinamizam, particularmente à sua dimensão teologal.

---

47 Cf. ZUBIRI, *El hombre y Dios*, p. 123-127.

Ao falarmos de abordagem práxica de Deus nos situamos na tradição filosófica de Xavier Zubiri e seu desenvolvimento por Ignacio Ellacuría[48] e Antonio González.[49] Não se trata, aqui, de mais uma filosofia da práxis, como se a práxis fosse o assunto da filosofia. A filosofia trata de tudo, inclusive da práxis, do ponto de vista de seu "fundamento último". Mas esse "fundamento" só é acessível ao homem na medida em que se enfrenta com as coisas como "realidade" ou como alteridade radical, isto é, como algo que é o que é "en própio" ou "de suyo". Ora, na medida em que o "fundamento último" (assunto e perspectiva da filosofia) emerge no modo humano de se enfrentar as coisas, a ação humana ou a práxis se constitui como ponto de partida e como referencial teórico-conceitual mais adequado da reflexão filosófica. É neste sentido preciso que falamos aqui de abordagem práxica.

B. Formulação em Xavier Zubiri (1898-1983)

Um dos pontos mais centrais e decisivos na filosofia de Xavier Zubiri diz respeito ao que ele chamou "problema de Deus na vida humana" ou "problema teologal do homem". É a insistência em mostrar que existe na vida humana um âmbito ou uma dimensão que envolve e dá acesso à realidade de Deus, enquanto fundamento último do real. E independentemente do modo como esse fundamento seja inteligido (Deus, pura facticidade, realidade-desconhecida) e da posição que se tome diante desse problema (teísmo, ateísmo, agnosticismo).

O desenvolvimento e a exposição desse problema estão divididos em três partes que correspondem a três grandes problemas: análise filosófica do problema de Deus na vida humana (Deus); estudo filosófico da história das religiões (religião); e estudo filosófico-teológico do cristianismo como religião de "deiformação" (Cristianismo). Toda sua reflexão sobre esta problemática desenvolvida ao longo de sua atividade filosófica foi recolhida e publicada postumamente em três tomos: *O homem e Deus*;[50] *O problema filosófico da história das religiões*;[51] *O problema teologal do homem: Cristianismo*.[52]

---

48 Cf. ELLACURÍA, *Filosofía de la realidad histórica*.

49 Cf. GONZÁLEZ, *Introducción a la práctica de la filosofía*, p. 369-385.

50 Cf. ZUBIRI, *El hombre y Dios*.

51 Cf. ZUBIRI, *El problema filosófico de la historia de las religiones*.

52 Cf. ZUBIRI, *El problema teologal del hombre: Cristianismo*.

No que diz respeito à análise filosófica do problema de Deus na vida humana, uma questão fundamental tem a ver com o *ponto de partida* dessa abordagem. Zubiri rechaça tanto a "via cosmológica" quanto a "via antropológica", desenvolvidas ao longo da tradição filosófica ocidental. A primeira via lhe parece problemática seja por seu "ponto de partida" ("fatos cósmicos"?), seja por seu "ponto de chegada" ("Deus enquanto Deus"?). A segunda via também lhe parece problemática em seu ponto de partida (abordagem parcial da vida humana, abordagem dualista de cada aspecto da vida humana, contraposição do homem ao cosmos) e em seu ponto de chegada (um Deus mais ou menos segregado do mundo real).[53] A insuficiência e problemática dessas vias impõem a "necessidade de empreender uma rota distinta". E Zubiri o fará tomando como ponto de partida a realidade humana como uma realidade que tem que realizar a si mesma, portanto, como uma realidade fundamentalmente práxica (práxis) ou accional (ação).

Na apresentação dessa via desenvolvida por Zubiri, tomaremos como referência a introdução do curso que ele deu na Universidade Gregoriana de Roma, em 1973, sobre "O problema teologal do homem". Embora não seja a última elaboração de Zubiri sobre o tema, é um texto de sua última etapa que tem a vantagem de apresentar de modo sistemático, didático e resumido sua reflexão sobre o problema teologal do homem e, além do mais, está traduzido em português.[54]

Zubiri se propõe a fazer "uma análise da realidade humana enquanto tal, tomada em e por si mesma" para ver se há nesta realidade "alguma dimensão que de fato envolva, constitutiva e formalmente, um enfrentamento inexorável com a dimensão última do real, isto é, com o que de uma maneira meramente nominal e provisória podemos chamar Deus" (14). E desenvolve esta análise em "três passos" (15).

a) Ele começa afirmando que "o homem é uma realidade não feita de uma vez por todas, mas uma realidade que tem que ir realizando-se" (15).

É que o homem, pelas notas que possui, particularmente pela inteligência, "não apenas tem realidade" (notas), mas "é uma realidade formalmente

---

53   Cf. ZUBIRI, *El hombre y Dios*, p. 118-127.

54   Cf. ZUBIRI, *O problema teologal do homem*, p. 13-20. A partir de agora, os números entre parêntese, sem outra indicação, remetem a páginas deste artigo.

'sua' como realidade" (si mesmo), ou seja, é uma realidade pessoal. Enquanto tal, ele apreende as coisas não apenas como "estímulo de resposta", como os demais animais, mas como "realidade", isto é, como alteridade radical; tão radical que se impõe na vida humana: toma "posse", exerce um "poder", "domina", "move", obrigando o homem a reagir de uma forma ou de outra. Isso faz com que ele se experimente como uma realidade "absoluta" (desligada de qualquer outra realidade), embora "só relativamente absoluta" (em relação às coisas diante das quais ou "ante as" quais ela se encontra). Experimenta-se, portanto, como *des-ligado* de todas as coisas e, ao mesmo tempo, *re-ligado* ao "poder do real" que as coisas veiculam (15).

Por isso, diz Zubiri, "o homem necessita de tudo aquilo com que vive, mas aquilo de que necessita é a realidade" (15). A expressão "realidade" designa, aqui, a última determinação metafísica das coisas enquanto apreendidas pelo homem: são o que são "de suyo", "en propio".[55] Enquanto tal, ela constitui aquilo que, em última instância, "fundamenta", "possibilita" e "impele" o homem a realizar a si mesmo. Só porque apreende as coisas como "realidade" que pode se apropriar delas como "possibilidades" para fazer a vida de uma forma ou de outra. Assim, o homem vai fazendo sua vida "com" as coisas "re-ligado" ao poder do real que elas veiculam. E, na medida em que "o poder do real não se identifica com as coisas", excedendo-as, o homem se vê lançado "na direção de" seu fundamento último. Este lançamento é uma "marcha": uma marcha "problemática" e uma marcha "real e física" (16).

b) É uma marcha "problemática" porque seu termo depende das "rotas empreendidas": teísmo, ateísmo, agnosticismo. Em todas elas, o homem acessa ao "fundamento do poder do real", ainda que de "modo diferente": Deus, pura facticidade, realidade indeterminada. Mas ele tem que justificar intelectualmente a "via escolhida" e "essa justificação é, simultaneamente, o fundamento da opção mesma" (17).

Para Zubiri, "a justificação intelectiva do fundamento do poder do real é o que nos lança a nós mesmos por uma via que leva da pessoa humana

---

55 Segundo Pintor Ramos, o termo *realidad* designa, na filosofia de Zubiri, "o caráter mais elementar e também o mais decisivo a que qualquer problema termina remetendo". Na língua espanhola, diz ele, este termo "encerra sempre um matiz de ultimidade e rotundidade, inclusive, de coercividade, propenso a conduzir a expressões dogmáticas". E, conclui: "Suspeito que a manutenção zubiriana do termo 'realidade' deve muito aos matizes peculiares e à força que este termo tem em espanhol, matizes que os termos equivalentes em outras línguas quiçá não reflitam totalmente" (PINTOR RAMOS, *Realidad y verdade*, p. 57s).

[realidade relativamente absoluta] a uma realidade absolutamente absoluta: é o que entendemos por Deus". E, assim, "o homem encontra Deus ao realizar-se religadamente como pessoa". O "poder do real" consiste em que "as coisas reais sem ser Deus nem um momento de Deus, são, sem dúvida, reais 'em' Deus, quer dizer, sua realidade é Deus *ad extra*". Noutras palavras, "o apoderar-se da pessoa humana pelo poder do real é, então, um apoderar-se do homem por Deus. Neste apoderar-se acontece a intelecção de Deus. Daí que toda realização pessoal humana seja precisa e formalmente a configuração optativa do ser humano a respeito de 'Deus em minha pessoa'" (17).

c) E é uma marcha "real e física" porque não trata de um "processo meramente intelectivo, mas sim de um processo real" (16). Nessa marcha, o homem vai "tateando", "averiguando", "provando" esse fundamento. E nisso consiste, para Zubiri, "a essência mesma do que chamamos experiência" (17). Trata-se, portanto, de uma marcha experiencial em que o homem vai experimentando o "fundamento" do "poder do real".

Quando o fundamento do "poder do real" é experimentado pela "via" que leva a Deus, essa experiência "é *eo ipso* Deus experimentado como fundamento, é experiência de Deus". Enquanto fundamento último da vida humana, Deus não é algo meramente "justaposto" ao homem, mas algo que, de alguma forma, "pertence" à realidade mesma do homem: "não se trata de que haja pessoa humana 'e além disso' Deus"; "Deus não é a pessoa humana, mas a pessoa humana é de alguma maneira Deus"; "Deus não inclui o homem, mas o homem inclui Deus". E, assim, o homem se constitui formalmente como "experiência de Deus" (18).

Em síntese: 1) Zubiri parte de uma análise da realidade humana como uma realidade radicalmente aberta que tem que se fazer a si mesma (*abertura*); 2) mostra como esta abertura tem a ver com o fato de o homem apreender as coisas como "realidade" e como nesta apreensão ele se experimenta paradoxalmente como "desligado" de todas as coisas e "religado" ao "poder do real" que as coisas veiculam (*religação*); 3) mostra ainda como, na medida em que fundamenta as coisas sem se identificar com elas, excedendo-as, o "poder do real" lança o homem na direção de seu fundamento último e esse fundamento último pode ser apreendido e justificado por vias distintas: teísta, ateísta e agnóstica (*fundamento*); 4) propõe/justifica a via teísta como a via que nos leva do homem como realidade "relativamente absoluta" a Deus como realidade "absolutamente absoluta" (*Deus*); 5) e, assim, apreende e justifica Deus como fundamento último de toda realidade; fundamento que possibilita e impele o homem a realizar a si mesmo (*fundamento, possibilidade, impelência*).

C. Apreciação crítica

Em sua abordagem filosófica sobre Deus, Zubiri não parte nem do *cosmos* (abordagem cosmológica) nem de uma *dimensão da vida humana* (abordagem antropológica), mas da *religação* como fato real, total e radical da vida humana em seu enfrentamento com as coisas (abordagem práxica).

Essa abordagem tem o mérito de superar os reducionismos cosmológicos e antropológicos, tomando a realidade em sua complexidade e unidade radical tal como aparece na vida humana (práxis) e partindo de um fato verificável na própria vida humana em seu processo de autorrealização histórica (religação). Tem também o mérito de falar de Deus não apenas como fundamento do mundo natural, deixando de fora a realidade humana (abordagem cosmológica), nem apenas como fundamento da realidade humana, segregada do mundo natural (abordagem antropológica), mas como fundamento último da realidade em seu todo. É que "o Deus a quem todos nos referimos não é apenas possibilitante e impelente (seja de um modo intelectual, *volente* ou sentimental), mas é também formalmente e ao mesmo tempo a ultimidade do real":[56] "realidade absolutamente absoluta, realidade última, possibilitante e impelente".[57]

Além do mais, essa abordagem permite levar a sério o dinamismo histórico desencadeado pelas experiências concretas/particulares desse fundamento último nas mais diversas tradições religiosas (religião como "plasmação da religação"), particularmente em seu potencial histórico-libertador (religião e libertação),[58] não obstante o risco permanente de sua instrumentalização ideológica pelos grupos e setores dominantes da sociedade.

---

56 ZUBIRI, *El hombre y Dios*, p. 127.

57 ZUBIRI, *El hombre y Dios*, p. 132.

58 Cf. GONZÁLEZ, *Introducción a la práctica de la filosofía*, p. 379-385.

Capítulo II

Bibliografia

ANSELMO DE CANTUÁRIA. *Proslógio*. Porto Alegre: Concreta, 2016.

ANZENBACHER, Arno. *Introdução à filosofia ocidental*. Petrópolis: Vozes, 2009.

CORETH, Emerich. *Deus no pensamento filosófico*. São Paulo: Loyola, 2009.

DESCARTES, René. *Os Pensadores*. São Paulo: Abril S.A. Cultural e Industrial, 1973.

ELLACURÍA, Ignacio. *Filosofía de la realidad histórica*. San Salvador: UCA, 1999.

GAUNILO. Livro escrito a favor de um insensato. In: ANSELMO DE CANTUÁRIA. *Proslógio*. Porto Alegre: Concreta, 2016. p. 83-93.

GILSON, Etienne. *Introdução à filosofia cristã*. Santo André: Academia Cristã, 2014.

GONZÁLEZ, Antonio. *Introducción a la práctica de la filosofía*. Texto de iniciación. San Salvador: UCA, 2005.

JAEGER, Werner. *La teología de los primeros filósofos griegos*. México: Fondo de Cultura Económica, 1998.

JORDAN, Jeffrey (org.). *Filosofia da religião*. São Paulo: Paulinas, 2015.

KANT, Immanuel. *Crítica da razão pura*. São Paulo: Nova Cultural, 1996.

LEBRUN, Gérard. Prefácio e notas. In. DESCARTES, René. *Os Pensadores*. São Paulo: Abril S.A. Cultural e Industrial, 1973,

LIMA VAZ, Henrique Claudio. *Escritos de Filosofia*: problemas de fronteira. São Paulo: Loyola, 1986.

NICOLAS, Jean-Hervé. O Deus único: introdução e notas. In: TOMÁS DE AQUINO, T. *Suma Teológica*. São Paulo: Loyola, 2001. Parte I – Questões 1-43. Volume 1, p. 157-493.

OLIVEIRA, Manfredo Araújo; ALMEIDA, Custódio (org.). *O Deus dos filósofos modernos*. Petrópolis: Vozes, 2002.

NOUGUÉ, Carlos. Apresentação. In: TOMÁS DE AQUINO. *Compêndio de Teologia*. Porto Alegre: Concreta, 2015. p. 25-69.

PANNENBERG, Wolfhart. *Filosofia e teologia*: tensões e convergências de uma busca comum. São Paulo: Paulinas, 2008.

PENZO, Giorgio; GIBELLINI, Rosino. *Deus na filosofia do século XX*. São Paulo: Loyola, 1998.

PINTOR RAMOS, Antonio. *Realidad y verdad*: las bases de la filosofía de Zubiri. Salamanca: Pontificia Universidad, 1994.

ROWE, William. *Introdução à filosofia da religião*. Lisboa: Verbo, 2011.

SANTO AGOSTINHO. *A Trindade*. São Paulo: Paulus, 1994.

TOMÁS DE AQUINO. *Suma Teológica*. São Paulo: Loyola, 2001. Parte I – Questões 1-43. Volume 1.

WILKINSON, Michael; CAMPBELL, Hugh. *Filosofia da religião*: uma introdução. São Paulo: Paulinas, 2014.

ZUBIRI, Xavier. *El hombre y Dios*. Madrid: Alianza Editorial, 2003.

_____. *El problema filosófico de la historia de las religiones*. Madrid: Alianza Editorial, 2006.

_____. *El problema teologal del hombre: Cristianismo*. Madrid: Alianza Editorial, 1999.

_____. O problema teologal do homem. In: OLIVEIRA, M.; ALMEIDA, C. (org.). *O Deus dos filósofos modernos*. Petrópolis: Vozes, 2002. p. 13-20.

CAPÍTULO III

A dimensão teologal do homem em Xavier Zubiri[1]

O *problema de Deus na vida humana* ou o *problema teologal do homem* é um aspecto fundamental e decisivo na filosofia de Xavier Zubiri.[2] Um dos pontos básicos de seu pensamento é a insistência em "mostrar que existe um problema universal de Deus",[3] ao qual se pode responder positiva (teísmo), negativa (ateísmo) ou suspensivamente (agnosticismo). E isso, além de ser um *assunto* com o qual ele se ocupou ao longo de sua vida, é um *aspecto* essencial e constitutivo de sua reflexão filosófica.[4]

O desenvolvimento e a exposição desse problema estão divididos em três partes que correspondem a três grandes problemas: análise filosófica do problema de Deus na vida humana (Deus); estudo filosófico da história das religiões (Religião); e estudo filosófico-teológico do cristianismo como religião de "deiformação" (Cristianismo). Toda sua reflexão sobre esta problemática desenvolvida ao longo de sua atividade filosófica foi recolhida e publicada

---

1   Publicado em *Síntese Nova Fase* 135 (2016) 143-159.

2   Para uma visão de conjunto da filosofia de Zubiri, cf.: GRACIA, *Voluntad de verdad*; FERRAZ FAYOS, *Zubiri*; PINTOR RAMOS, *Zubiri (1898-1983)*; CESCON, *Uma introdução ao pensamento filosófico-teológico de Xavier Zubiri (1898-1983)*, p. 239-282. No que diz respeito mais diretamente à questão do "problema de Deus" na vida humana, cf.: IGLESIAS, *La realidad divina*; CRUZ, *La accesibilidad de Dios*; ORTEGA, *La teología de Xavier Zubiri*; GONZÁLEZ, *Introducción a la práctica de la filosofia*, p. 369-379; GONZÁLEZ, *Aproximación a la filosofia zubiriana de la religión*, p. 265-282; CESCON, *O problema de Deus e do seu acesso e a experiência de Deus*", p. 373-394; PINTOR RAMOS, *Zubiri*, p. 947-949; GRACIA, *Zubiri*, p. 1054-1057.

3   PINTOR RAMOS, *Zubiri*, p. 947.

4   A análise do problema de Deus na vida humana "completa a filosofia de Zubiri e lhe dá seu grau maior de coerência. Esta peça do pensamento zubiriano faz ver até que ponto esse pensamento se constitui como um sistema, isto é, uma unidade coerente de ideias, um estado constructo de ideias" (FERRAZ, *Zubiri*, p. 200). Ela "completa a coluna vertebral da filosofia de Zubiri por significar o cumprimento definitivo da transcendentalidade com qual a realidade está dada na apreensão primordial" (PINTOR RAMOS, *Zubiri [1898-1983]*, p. 53).

Capítulo III

postumamente em três tomos: *O homem e Deus*;[5] *O problema filosófico da história das religiões*;[6] *O problema teologal do homem: Cristianismo.*[7]

Aqui, vamos nos ocupar apenas com o primeiro aspecto da reflexão de Zubiri mencionada e que corresponde ao primeiro tomo de sua "trilogia teologal". É o que ele chama "a dimensão teologal do homem".[8] Começaremos explicitando o que se quer dizer quando se fala de "dimensão teologal do homem" e apresentaremos, em seguida, a análise que Zubiri faz da mesma.

Para isso, tomaremos como referência a introdução do curso que Zubiri deu na Universidade Gregoriana de Roma, em 1973, sobre "O problema teologal do homem", publicada em 1975 em um livro em homenagem a Karl Rahner e recolhida, "a modo de conclusão", no primeiro tomo de sua "trilogia teologal".[9] Embora não seja a última elaboração de Zubiri sobre o tema, é um texto de sua última etapa e tem a vantagem de apresentar de modo sistemático, didático e resumido sua reflexão sobre o problema teologal do homem, particularmente no que diz respeito à dimensão teologal do homem.

1. A problemática da dimensão teologal do homem

Antes de verificarmos se a vida humana tem mesmo uma dimensão teologal e, caso a tenha, explicitarmos sua estrutura fundamental, convém deixar claro o que queremos dizer ou a que nos referimos quando falamos de *dimensão teologal do homem*. E tanto no que tem de *teologal* quanto no que tem de *dimensão*.

Embora esteja dito desde o início desta reflexão, é importante insistir no fato de que a *dimensão teologal* a que nos referimos neste trabalho diz respeito estritamente à *vida humana*. Não vamos tratar, aqui, diretamente, da realidade de Deus ou de outra realidade qualquer, mas da realidade humana.

---

5   Cf. ZUBIRI, *El hombre y Dios.*

6   Cf. ZUBIRI, *El problema filosófico de la historia de las religiones.*

7   Cf. ZUBIRI, *El problema teologal del hombre: Cristianismo.*

8   ZUBIRI, *El hombre y Dios*, p. 13.

9   Cf. ZUBIRI, *El hombre y Dios*, p. 367-383. Há uma tradução do texto em português (cf. ZUBIRI, *O problema teologal do homem*, p. 13-20). A partir de agora, os números entre parêntese, sem outra indicação, remetem a páginas deste artigo.

"O mero enunciado do tema", diz Zubiri, "já indica que se trata de nos mover-mos dentro de uma análise da realidade humana enquanto tal, com vistas ao problema de Deus" (14). Por isso, temos falado sempre de dimensão teologal *da* vida humana.

a) É *teologal*, na medida em que "envolva, constitutiva e formalmente, um enfrentamento inexorável com a dimensão última do real, isto é, com o que de uma maneira meramente nominal e provisória podemos chamar de Deus" (14). Trata-se, pois, de "um momento constitutivo da realidade humana, um momento estrutural dela"; o momento no qual ela se enfrenta com "o âmbito da dimensão última do real" (14). É importante não confundir, aqui, o teo-logal com o teológico. Enquanto o *teológico* diz respeito diretamente a Deus, "envolve a *Deus mesmo*"; o *teologal* diz respeito diretamente ao homem, en-volve uma *dimensão da vida humana* – "a dimensão que dá acesso ao divino". O teologal é "uma dimensão humana que envolve formal e constitutivamente o problema da realidade divina, do *theos*"[10] e, neste sentido, "é tão somente fundamento do saber teológico, mas não é o saber teológico mesmo" (20).[11] Afirmar, portanto, que a realidade humana tem uma dimensão *teologal* é o mesmo que dizer que ela tem um âmbito que, de alguma forma, envolve e dá acesso à realidade de Deus, enquanto dimensão última do real.

b) É *dimensão* na medida em que é algo constitutivo da realidade huma-na e, enquanto tal, mede ou mensura essa realidade sob um determinado aspecto. *Dimensão* é um conceito fundamental na filosofia de Zubiri.[12] Ele "responde ao intento de superar o esquema substância-acidente por meio de um esquema estrutural no qual todas as notas formam um só sistema".[13] Tal intento "supõe um esforço para inteligir as coisas não de fora para dentro, como se as notas afetassem um sujeito que está por baixo delas, mas de dentro para fora, como algo que atualiza uma unidade primária em suas notas. Não há um 'brotamento' das notas, mas uma projeção da coisa real nas notas", de modo que em cada uma delas "se mede ou se mensura [daí, *dimensão*] a coisa inteira".[14] Por isso, ao falar da dimensão teologal da vida humana, Zubiri afir-

---

10   ZUBIRI, *El hombre y Dios*, p. 12.

11   Cf. ORTEGA, *La teología de Xavier Zubiri*, p. 176s.

12   Cf. ZUBIRI, *Sobre la esencia*, p. 120-134, 491-498; ZUBIRI, *Tres dimensiones del ser humano*, p. 10-16; ZU-BIRI, *Inteligencia sentiente*, p. 204-207.

13   ELLACURÍA, *Filosofía de la realidad histórica*, p. 358.

14   ELLACURÍA, *Filosofía de la realidad histórica*, p. 356.

Capítulo III

ma sempre se tratar de "um momento constitutivo da realidade humana, um momento estrutural dela" (14); um momento que, não obstante sua peculiaridade e irredutibilidade, diz respeito a essa realidade em sua totalidade[15] e, por isso mesmo, pode medi-la ou mensurá-la sob esse aspecto determinado que é o enfrentamento com a dimensão última do real.

De modo que, ao falarmos da *dimensão teologal do homem*, estamos falando da realidade humana enquanto tal (*do homem*) ou, para sermos mais precisos, estamos falando de algo que diz respeito, essencial e estruturalmente, a essa realidade e constitui-se como medida ou mensura da mesma (*dimensão*). Trata-se da dimensão segundo a qual a realidade humana se encontra vertida à realidade de Deus enquanto dimensão última do real, ou seja, da dimensão que envolve e dá acesso à realidade de Deus (*teologal*). Esta é a problemática com a qual nos confrontaremos a seguir, analisando, com Zubiri, a realidade humana e explicitando a estrutura fundamental de sua dimensão teologal.

2. A dimensão teologal do homem

Tendo explicitado o que está em jogo na problemática da dimensão teologal do homem, tanto no que tem de teologal quanto no que tem de dimensão, podemos, agora, verificar se de fato existe uma dimensão teologal na vida humana e, caso exista, qual a sua estrutura fundamental. Para isso, diz Zubiri, "temos de partir de uma análise da realidade humana" (15). E esta análise foi feita e apresentada por ele em três passos ou momentos estruturalmente articulados entre si. No artigo que tomamos como referência deste estudo, tais passos ou momentos são nomeados, respectivamente, como *religação, marcha intelectiva* e *experiência* (18). Já no livro onde desenvolve e formula de modo mais rigoroso o que aparece apenas esboçado no artigo, denomina-os, respectivamente, *realidade humana, problema da realidade divina* e *homem, experiência de Deus*. Esta é, aliás, a estrutura fundamental do livro – suas três partes.[16] No fundo, ambos dizem ou se referem à mesma coisa, ainda que de maneira diferente: a análise da *realidade humana* levará à descoberta da *religação*; a *realidade divina* será inteligida problematicamente na *marcha intelectiva*; e nesta mesma marcha o homem se descobrirá como *experiência de*

---

15   Cf. ZUBIRI, *El hombre y Dios*, p. 128.

16   Cf. ZUBIRI, *El hombre y Dios*, p. 13.

Deus. Embora continuemos tomando como referência básica para esta nossa exposição o artigo referido, nomearemos esses passos ou momentos de sua análise e apresentação da dimensão teologal do homem segundo a formulação que aparece no livro.

A. A realidade humana

A realidade humana, como qualquer outra realidade, está constituída por um "sistema de notas",[17] coerentemente articuladas (cf. 15). Estas notas podem ser reunidas em três grupos, segundo os quais a realidade humana se constitui como uma realidade *viva*, uma realidade que *sente* e uma realidade *inteligente*. De modo que o homem tem três tipos de notas, segundo as quais *vive, sente* e *inteligente*.[18] "A unidade intrínseca e formal destas notas forma o sistema da substantividade humana"[19] – sistema que abarca "dois subsistemas parciais": um "subsistema de notas físico-químicas" que ele denomina "corpo" e um subsistema que ele denomina "psique".[20] A realidade humana se constitui, assim, como a unidade sistemático-coerente dessas notas ou desses subsistemas de notas. Bem entendido. Não se trata de dois sistemas justapostos (corpo x psique), mas de um único sistema (substantividade humana), constituído por uma pluralidade de notas ou de subsistemas de notas (corpo-psique).[21]

Em virtude das notas que possui, em particular, a inteligência,[22] o homem se constitui como uma *forma* peculiar de realidade e, consequentemente, está

---

17 Zubiri prefere falar de "notas" a falar de "propriedades". Além de ser uma expressão mais simples e elementar (*sencillo*), diz ele, "tem a dupla vantagem de designar unitariamente dois momentos da coisa. Por um lado, a nota pertence à coisa; por outro, notifica-nos o que a coisa é, segundo esta nota. Assim, o calor é uma nota da coisa e ao mesmo tempo nos notifica o que a coisa é, segundo esta nota" (ZUBIRI, *El hombre y Dios,* p. 18).

18 Cf. ZUBIRI, *El hombre y Dios,* p. 30-39.

19 ZUBIRI, *El hombre y Dios,* p. 39.

20 ZUBIRI, *El hombre y Dios,* p. 39-41.

21 "O homem não é psique 'e' organismo, mas sua psique é formal e constitutivamente 'psique-de' este organismo e este organismo é formal e constitutivamente 'organismo-de' esta psique. Por isso, a psique é, a partir de si mesma, orgânica e o organismo é, a partir de si mesmo, psíquico. Este momento do 'de' é numericamente idêntico na psique e no organismo e possui caráter 'físico'. Esta identidade numérica e física do 'de' é o que constitui formalmente a unidade sistemática da substantividade humana. É uma unidade estrutural" (ZUBIRI, *El hombre y Dios,* p. 41).

22 Para Zubiri, inteligir não é "conceber, julgar, raciocinar etc.", por mais que estes atos façam parte do processo de intelecção. Inteligir, diz ele, "consiste formalmente em apreender as coisas como reais, isto é, 'segundo são de si' (*de suyo*); consiste em apreender que seus caracteres pertencem propriamente (*en propio*) à coisa mesma; são caracteres que a coisa tem de si (*de suyo*). Tudo o que o homem intelige é inteligido como de si (*de suyo*). Esta é a essência formal da intelecção" (ZUBIRI, *El hombre y Dios,* p. 32s).

Capítulo III

implantado na realidade também de um *modo* muito peculiar.[23] "É, com efeito, uma realidade constituída não apenas por suas próprias notas [...], mas também por uma característica peculiar de sua realidade" (15). Vejamos.

Por um lado, ele não apenas "tem" as notas que tem (como qualquer outra realidade!), mas, em virtude destas notas, especialmente em virtude da inteligência, é uma realidade "formalmente sua" (15), uma realidade que pertence formalmente a si mesma; suas notas não apenas lhe pertencem "de si" (*de suyo*), mas são "suas" (*suyas*). E isto não acontece com as demais realidades. "Todas as demais realidades têm, *de si* (*de suyo*), as propriedades que têm, mas sua realidade não é formal e explicitamente *sua* (*suya*). O homem, por sua vez, é formalmente seu (*suyo*), é *suidade* (*suidad*)".[24] Seu caráter ou modo de realidade, diz Zubiri, é "ser si mesmo" (15). E nisto, precisamente, consiste para ele a "razão formal da pessoa" (15). Ser pessoa é ser "suidade"; é ser "si mesmo"; é pertencer a si mesmo; é ser, "de si", "seu". Do ponto de vista de sua *forma de realidade*, portanto, o homem é uma *realidade pessoal*.[25]

Por outro lado, enquanto realidade pessoal, o homem está implantado na realidade de um *modo* também muito peculiar. Na medida em que é "si mesmo", em que "pertence a si mesmo", em que é "de si", "seu", ele se experimenta como uma realidade "des-ligada de" ou "solta de" todas as demais. "É real 'frente a' toda outra realidade que não seja a sua. Neste sentido, cada pessoa, por assim dizer, está 'desligada' de qualquer outra realidade: é 'absoluta'" (15). Mas apenas "relativamente absoluta", na medida em que "este caráter absoluto é um caráter cobrado", adquirido (15). Só "frente às" coisas ou "diante das" coisas[26] o homem se experimenta como uma realidade absoluta, isto é, "solta de". Sua absolutez é relativa às coisas diante das quais ou frente às quais ele se encontra "solto de" ou "desligado de".[27] Como *modo de realidade*, portanto, o homem é uma *realidade relativamente absoluta*.

---

23   Cf. ZUBIRI, *El hombre y Dios*, p. 46-52.

24   ZUBIRI, *El hombre y Dios*, p. 48.

25   Cf. ZUBIRI, *El hombre y Dios*, p. 51.

26   A expressão *coisa* é tomada, aqui, não em oposição à vida e, em particular, à vida humana, mas no "sentido amplo e vulgar de 'algo', qualquer que seja sua índole" (ZUBIRI, *El hombre y Dios*, p. 79).

27   Cf. ZUBIRI, *El hombre y Dios*, p. 79s.

É como *realidade pessoal* e como *realidade relativamente absoluta* que o homem vai fazendo sua vida – como *agente, ator* e *autor* da mesma.[28] Ele "tem que ir fazendo-se, isto é, realizando-se em distintas formas ou figuras de realidade" (15). E vai se fazendo com as coisas com as quais e entre as quais ele se encontra.

Acontece que, graças à nota-inteligência, as coisas se atualizam na vida humana não apenas como um *sistema de notas*, mas, radicalmente, como *realidade*,[29] isto é, como algo "en propio", "de suyo", algo que pertence a si mesmo, como radicalmente outro que si e que o próprio ato em que se atualiza, como alteridade radical. E enquanto tal *impõe-se* na vida humana, *apodera-se* dela, toma *posse, domina, exerce um poder.* É o que Zubiri chamou o "poder do real" (15). "Realidade" designa, aqui, portanto, a *forma* ou a *formalidade* com que as coisas "se atualizam" e "se impõem" na vida humana.[30]

E, assim, o homem, paradoxalmente, ao fazer sua vida com as coisas, se, por um lado, encontra-se "diante de" ou "frente a" a elas, experimentando-se como *des-ligado* de todas elas; por outro lado, na medida em que faz a vida com as coisas que "se atualizam" e "se impõem" em sua vida como "realidade", experimenta-se sempre e ao mesmo tempo como apoderado pelo "poder do real" e, assim, *re-ligado* a esse mesmo poder. É o que Zubiri denomina *religação*:[31] a "tomada de posse" do homem pelo "poder do real" enquanto "dimensão última do real" (15).

---

28   Cf. ZUBIRI, *El hombre y Dios*, p. 76-78. O homem *executa suas ações* e, quanto tal, é "agente" das mesmas; as executa, em boa medida, *de acordo com as possibilidades que lhe são dadas* e, neste sentido, é "ator" das mesmas; mas, na medida em que pode, dentro de certos limites, executar ações diversas e *opta por uma ação específica*, constitui-se como "autor" da mesma.

29   Segundo Pintor Ramos, o termo *realidad* designa, na filosofia de Zubiri, "o caráter mais elementar e também o mais decisivo a que qualquer problema termina remetendo". Na língua espanhola, diz ele, este termo "encerra sempre um matiz de ultimidade e rotundidade, inclusive de coercividade, propenso a conduzir a expressões dogmáticas". E conclui: "Suspeito que a manutenção zubiriana do termo 'realidade' deve muito aos matizes peculiares e à força que este termo tem em espanhol, matizes que os termos equivalentes em outras línguas quiçá não reflitam totalmente" (PINTOR RAMOS, *Realidad y verdade*, p. 57s).

30   Cf. ZUBIRI, *Inteligencia y razón*, p. 92. Desde muito cedo, diz Diego Gracia, "Zubiri insistiu no fato de que as coisas 'de per si' não somente se 'atualizam' para o homem na apreensão, mas se lhe 'impõem' também com certa força. Tal força, própria das coisas, impõe-se ao homem na apreensão como 'última', como 'possibilitante' e como 'impelente'. O homem realiza-se 'em' (ultimidade), 'a partir de' (possibilidade) e 'mediante' (impelência) a realidade atualizada na apreensão. Esse caráter de fundamentalidade da realidade é aquilo que Zubiri chama 'o poder do real'" (GRACIA, *Zubiri*, p. 1055).

31   Cf. GRACIA, *Voluntad de verdad*, p. 212-218.

Capítulo III

"Apoiado", "impelido" e "possibilitado"[32] em última instância por esse poder ao qual está "religado", o homem pode fazer sua vida com as coisas, de uma forma ou de outra – ainda que não a possa fazer de qualquer forma. Por isso, diz Zubiri, "o homem necessita de tudo aquilo com que vive, mas é porque aquilo de que necessita é a realidade"; "o homem só pode realizar-se possuído pelo poder do real" (15). E aqui convém fazer duas considerações importantes, tanto em vista de uma adequada compreensão do apoderamento do homem pelo "poder do real" quanto em vista da apresentação ou do esclarecimento do problema de Deus na vida humana.

Em primeiro lugar, é importante deixar claro que, à medida que as coisas "se atualizam" como "realidade" na vida humana, elas "se impõem" e "se apoderam" do homem, obrigando-o a agir de *alguma* maneira, mas não determinam exatamente a maneira como terá que agir. Tem que agir de alguma forma. Mas como não está determinado de antemão como deve agir, terá que optar por uma determinada ação e, nesta opção, vai *ad-optando* uma forma ou figura de realidade. "Na religação, pois, o homem está confrontado com o poder do real, mas de modo optativo" (16). Ele vai configurando sua forma de realidade "forçado pelo poder do real e apoiado nele", mas de "modo optativo" (16). É que, se por um lado, o "poder do real" só "se atualiza" e "se impõe" na vida humana através das coisas, por outro lado, ele não se identifica sem mais com as coisas. Elas "não são senão 'vetores intrínsecos' do poder 'da' realidade" da vida humana (16). Há uma "inadequação entre o que são as coisas com as quais o homem vive e o que o homem se vê forçado a fazer com elas" (16). De modo que, paradoxalmente, "o homem se realiza em uma forma de realidade que as coisas não lhe impõem [tem que optar!], mas não pode fazê-lo mais do que com e pelas coisas [apoiado no poder do real]" (16). Ou seja, *ele vai* ad-optando *uma forma ou figura de realidade apoiado no poder do real que as coisas veiculam.*

Em segundo lugar, "a não identificação desse poder do real com as coisas mesmas manifesta que entre elas e aquele poder há uma precisa estrutura interna" que Zubiri chama "fundamento" (16). Fundamento não deve ser entendido necessariamente como "causa ou coisa parecida", por mais que esta seja uma forma possível de fundamentação. "O mero repousar factualmente

---

32   Cf. ZUBIRI, *El homen y Dios*, p. 81-84.

A dimensão teologal do homem em Xavier Zubiri

sobre si mesmo já seria fundamento" (16).[33] Neste sentido, "o poder do real nas coisas não é senão o acontecer do fundamento nelas". E, assim, o homem, ao fazer sua vida com as coisas apoiado no "poder do real" que elas veiculam, constitui-se e experimenta-se como uma realidade fundamentada.[34] E, uma vez que esse fundamento não se identifica com as coisas que o veiculam, ele se vê lançado "na direção de" seu fundamento (16) – presente nas coisas, mas excedendo-as: é "mais" que elas, mas "nelas". É o "caráter enigmático" da realidade.[35] De modo que "o homem se vê lançado para o fundamento do poder do real, na inexorável força 'física' de optar por uma forma de realidade" (16). Enquanto modo de atualização ou de presença do "poder do real", o lançamento "na direção de", diz Zubiri, "é uma estrita 'marcha'. Não é processo meramente intelectivo, mas sim um 'movimento' real" (16). É, sem dúvida, uma marcha *intelectiva*, mas uma marcha *real*; é "uma marcha real intelectiva" (16). E na medida em que o termo deste lançamento não está determinado, ele se configura como um *lançamento problemático*, no sentido etimológico da expressão: arrojar/atirar/lançar algo (*ballo*) ante (*pro*).[36] Assim, conclui Zubiri, "a religação problemática é *eo ipso* uma marcha real intelectiva desde o poder do real 'na direção de' seu fundamento intrínseco: eis aqui justamente o problema de Deus enquanto problema da dimensão última do real enquanto tal" (16).

---

33   Cf. ZUBIRI, *El hombre y Dios*, p. 84-88.

34   "O caráter de absoluto relativo, próprio da pessoa, faz com que esta não tenha seu fundamento radical em si mesma, mas na realidade; haveria que dizer, pois, que a pessoa não é a realidade radical, mas uma realidade radicada na realidade. A pessoa, em sua própria constituição, está vertida a uma realidade que é mais que ela, uma realidade na qual se assenta, uma realidade da qual emergem os recursos de que necessita para se personalizar e, finalmente, uma realidade que lhe outorga a força necessária para desdobrar esse processo de realização pessoal. A esta versão constitutiva da pessoa à realidade é o que Zubiri denominou *religação*" (PINTOR RAMOS, *Zubiri [1989-1983]*, p. 49). E, aqui, adverte, "o homem não está diretamente religado a Deus, como às vezes se interpretou, mas à realidade, enquanto que o funda, lhe dá poder para desenvolver suas possibilidades e lhe confere força para se apropriar dessas possibilidades" (PINTOR RAMOS, *Zubiri [1989-1983]*, p. 49s).

35   "'A' realidade está 'nesta' realidade, mas enigmaticamente. E este enigma nos é manifesto na experiência mesma da religação. 'A' realidade não é 'esta' coisa real, mas não é nada fora dela. Realidade é um 'mais', mas não é 'mais' por cima da coisa, mas um 'mais' *nela mesma*. Por isso é que ao estar com 'esta' realidade, estou é 'na' realidade" (ZUBIRI, *El hombre y Dios*, p. 98).

36   "Pro-blema", do grego *pro-ballo*: arrojar/atirar/lançar algo "ante" (cf. ZUBIRI, *Inteligencia y razón*, p. 64). "Problema não é 'questão', mas modo de atualização: é a atualidade do real como arrojado na intelecção" (ZUBIRI, *Inteligencia y razón*, p. 307). "Só porque a realidade está atualizada como problema, só por isso pode haver e tem que haver questões" (ZUBIRI, *Inteligencia y razón*, p. 315). "No problema já há atualização, isto é, há uma intelecção da realidade, mas esta atualização é [...] uma atualidade que ainda não é plenamente atual" (ZUBIRI, *Inteligencia y razón*, p. 64).

Capítulo III

Como *realidade pessoal*, portanto, o homem se realiza "com" as coisas (frente a, diante de), *re-ligado* ao "poder do real" que elas veiculam (apoio "último", "possibilitante" e "impelente"). E nesta *re-ligação* ele se vê *lança-do* (marcha) "na direção de" seu fundamento último. Não estamos tratando, aqui, propriamente de Deus enquanto tal, mas do homem. "A religação é uma dimensão constitutiva da pessoa humana" (15); é uma estrita dimensão humana. Mas ela é "a base de todo o nosso problema e o ponto de partida da discussão".[37]

B. O problema da realidade divina

A análise da realidade humana nos mostrou que o homem vai fazendo sua vida com as coisas, *apoiado* no "poder do real" que elas veiculam e *lançado* na "direção de" seu fundamento último. São os dois aspectos da *re-ligação* ao "poder do real" que destacamos no item anterior: *apoio* "último", "possibili-tante" e "impelente" para fazer a vida e *lançamento ou marcha* na "direção de" seu fundamento último. Aspectos distintos, mas estruturalmente articulados, pois, só à medida que o homem vai fazendo sua vida *apoiado* no "poder do real", vê-se *lançado* na "direção do" fundamento desse poder. E em ambos os aspectos, como vimos, o "poder do real" ao qual estamos religados se "atua-liza" e se "impõe" de modo problemático, no sentido acima indicado. Por um lado, "o homem está confrontado com o poder do real, mas de modo optativo, isto é, problemático"; ele "se realiza em uma forma de realidade que as coisas não lhe impõem, mas não pode fazê-lo mais do que com e pelas coisas" (16). Por outro lado, o lançamento ou a marcha na "direção de" seu fundamento, precisamente pelo caráter *direcional*,[38] é um lançamento estritamente proble-mático, é uma *marcha problemática*. De modo que, e é isto o que agora nos interessa, a "religação problemática"[39] é a "base" e o "ponto de partida" do pro-blema de Deus na vida humana. Ante as clássicas "vias cósmicas" (Tomás de

---

37 ZUBIRI, *El hombre y Dios*, p. 130. "Nesta experiência vai se desenhando inexoravelmente o perfil daquilo que se busca, independentemente de se se admite ou não sua realidade" (ZUBIRI, *El hombre y Dios*, p. 130).

38 Cf. ZUBIRI, *Naturaleza, historia, Dios*, p. 414; ZUBIRI, *Inteligencia sentiente*, p. 101s, 183-185.

39 Esta expressão precisa ser bem compreendia. Afinal, "a religação não é um problema, é um fato. Mas um fato que nos lança de forma problemática para o fundamento da realidade. Este é o sentido exato da expressão 'problema de Deus' que Zubiri vem utilizando em seus escritos ao longo de meio século [...]. A religação não é problema; Deus, sim" (GRACIA, *Voluntad de verdad*, p. 222).

Aquino) e "vias antropológicas" (Agostinho, Kant, Schleiermacher) de acesso a Deus, Zubiri propõe a "via da religação".[40]

A "religação" não é uma mera teoria, mas "um fato inegável" (15), descoberto na análise da realidade humana. Ela nos *lança* na *direção do* fundamento do "poder do real". Esse lançamento é uma *marcha*, uma "marcha real intelectiva" (16). Nesta marcha, o fundamento se atualiza e se impõe de modo *direcional, problemático*. Por isso mesmo falamos, aqui, de "marcha problemática": uma marcha "desde o poder do real 'na direção de' seu fundamento intrínseco" (16).

Não por acaso, Zubiri nomeia esse segundo passo ou momento de sua análise da dimensão teologal do homem de "problema da realidade divina". É que o acesso à realidade divina é um *acesso problemático*.[41] Ela se atualiza e se impõe na vida humana de modo problemático. Enquanto *se atualiza e se impõe* na vida humana, o homem tem acesso a ela e, por esta razão, Zubiri pode afirmar que na marcha real para o fundamento do poder do real "o homem acede *sempre* àquele fundamento" (16), que "o término dessa marcha está sempre atingido" (17). Mas, na medida em que ela se atualiza e se impõe de *modo problemático*, seu termo não está determinado de antemão, depende das "rotas empreendidas" (17) e, assim, "por ser problemática, a marcha para o fundamento do poder do real nas coisas não é unívoca" (16).

Zubiri identifica na história da humanidade três grandes "rotas" ou "vias"[42] empreendidas nessa marcha que vai do "poder do real" nas coisas "na direção de" seu fundamento último: *ateísmo, teísmo* e *agnosticismo*. Por todas estas "rotas" ou "vias" o homem acede ao fundamento ao qual está lançado problematicamente na "religação", ainda que de "modo distinto" (17). Elas "já são um acesso ao fundamento, um contato com ele" (17).[43]

Mas, como essa "marcha problemática", na qual o homem acede ao seu fundamento, é uma "marcha real *intelectiva*", ela tem seu "momento de esclarecimento" (16) e exige que "a via escolhida" seja "intelectualmente justificada" (17). Todas elas necessitam de fundamentação e têm que ser justificadas,

---

40   Cf. ZUBIRI, *El hombre y Dios*, p. 118-133.

41   Cf. ZUBIRI, *El hombre y Dios*, p. 185-193.

42   A propósito da "via na busca de Deus" em Zubiri, cf. CRUZ, *La accesibilidad de Dios*, p. 187-204.

43   Cf. ZUBIRI, *El hombre y Dios*, p. 266-296.

Capítulo III

para além do grau de adesão ou de crença que se tenha na via escolhida. "Pois uma coisa é a firmeza de um estado de crença e outra é sua *justificação inte-lectual*" (14). Pouco importa, aqui, a via escolhida: teísmo, ateísmo, agnosticismo. Enquanto *opção*, ela precisa ser *justificada intelectualmente*. "E esta justificação é, simultaneamente, o fundamento da opção mesma" (17). Justificando a "rota" ou "via" escolhida, o homem determina – teísta, ateísta ou agnosticamente – o termo próprio da marcha problemática: "Deus" (teísmo), "pura facticidade" (ateísmo),[44] "realidade ignorada" (agnosticismo).[45]

A Zubiri interessa, aqui, a justificação intelectiva da via teísta de acesso ao fundamento do "poder do real". Para ele, essa justificação é a que "nos lança a nós mesmos por uma via que leva da pessoa humana (isto é, de uma pessoa relativamente absoluta) a uma realidade absolutamente absoluta: é o que entendemos por realidade de Deus" (17).[46] Fazendo a vida com as coisas, religado "poder do real" que elas veiculam, o homem se vê lançado "na direção de" seu fundamento, enquanto apoio "último", "possibilitante" e "impelente" de sua realidade e realização pessoais. E, assim, "o homem encontra Deus ao realizar-se religadamente como pessoa" (17). Em última instância, o "poder do real" nas coisas consiste em que as coisas "sem ser Deus, nem um momento de Deus, são, sem dúvida, reais 'em' Deus, quer dizer, sua realidade é Deus *ad extra*" (17). Enquanto fundamento do "poder do real" nas coisas, Deus está presente em todas as coisas, sem que se reduza a elas nem se identifique com elas. É a transcendência de Deus "nas" coisas. Deus não é transcendente "às" coisas, mas transcendente "nas" coisas. Desta forma, diz Zubiri, "o

---

44 Cf. ZUBIRI, *El hombre y Dios*, p. 283. "Teísmo e ateísmo são dois modos como [se] conclui o processo intelectivo a respeito do problema do poder do real. A facticidade do poder do real não é um puro *factum*, mas uma intelecção, e, como toda intelecção, necessita de fundamento. Este fundamento se logrará por via intelectiva. O ateísmo não consiste, pois, em não ter problema, mas em entender o poder do real, isto é, a fundamentalidade da vida, como pura facticidade" (ZUBIRI, *El hombre y Dios*, p. 283s).

45 "Por mais que possa parecer um paradoxo, o agnosticismo é um processo intelectivo: o processo intelectivo agnóstico. [...] consiste em instalar-se na *ignorância* da realidade de Deus: 'não sei se existe'. Mas na medida em que é ignorância, o agnosticismo é *eo ipso* um modo do processo intelectivo. Porque ignorância não é mera carência de saber. Pelo contrário, toda ignorância é sempre ignorância de algo muito preciso. Ou seja, o que ignora sabe, em alguma medida, o que é que ignora" (ZUBIRI, *El hombre y Dios*, p. 272).

46 "Justificar a realidade de Deus não é montar raciocínios especulativos sobre raciocínios especulativos, mas [consiste na] explicação intelectiva da marcha efetiva da religação". Por ser "intelectiva", a explicação envolve "um momento de fundamentação". Por se tratar de uma "marcha efetiva", é "explanação de uma experiência que estamos experienciando fisicamente" (ZUBIRI, *El hombre y Dios*, p. 134). Para uma melhor explicitação da justificação da realidade de Deus e uma maior determinação de sua realidade, cf. ZUBIRI, *El hombre y Dios*, p. 134-178.

apoderar-se da pessoa humana pelo poder do real é, então, um apoderar-se do homem por Deus. Neste apoderar-se acontece a intelecção de Deus". E, com isso, explicitamos o segundo passo ou momento de sua análise e apresentação da dimensão teologal do homem: "descobrimento de Deus na marcha intelectiva da religação" (17).

C. O homem, experiência de Deus

Na "religação" ao "poder do real", o homem se vê lançado "na direção" do fundamento desse poder, enquanto apoio "último", "possibilitante" e "impelente" para fazer sua vida. Este lançamento é uma "marcha real intelectiva". Na medida em que o termo desta marcha não está determinado de antemão, mas depende da "via" ou "rota" escolhida (teísta, ateísta, agnóstica), ela se constitui como uma marcha estritamente *pro-blemática* (lançamento "diante de" ou na "direção de" seu fundamento). E na medida em que ela é uma marcha real--intelectiva*, tem um momento intrínseco de esclarecimento e justificação, no qual se determina o termo próprio dessa marcha problemática ("Deus", "pura facticidade", "realidade ignorada").

Mas essa marcha "na direção" do fundamento do "poder do real" não é apenas uma "marcha problemática" que, enquanto tal, exige esclarecimento e justificação intelectivos. Zubiri insistiu muito em que esta marcha "não é processo meramente intelectivo, mas sim um 'movimento' real" (16). É, sem dúvida, uma marcha intelectiva, uma vez que a intelecção é um de seus momentos constitutivos. Mas não é meramente intelectiva. A intelecção não é senão um momento de uma marcha "real e física".[47] Na "religação", portanto, o homem está lançado, *realmente/fisicamente*, "na direção" do fundamento do "poder do real". E, por isso mesmo, a marcha é, em sentido estrito, uma marcha "real e física". "A marcha 'na direção' do fundamento do poder do real não é só problemática, mas o problema mesmo tem um caráter muito preciso. A marcha, com efeito, é real e física" (17). E esse é o ponto que nos interessa explicitar agora.

---

47   A expressão "real e físico" é tomada, aqui, não no sentido das ciências modernas, mas no sentido da filosofia antiga, na qual o "físico" se contrapõe ao meramente "intencional" e, assim, torna-se sinônimo de "real" (cf. ZUBIRI, *Sobre la esencia*, p. 11-13). "Físico é o vocábulo originário e antigo para designar algo que não é meramente conceptivo/conceitual, mas real. Opõem-se, por isto, ao meramente intencional" (ZUBIRI, *Inteligencia sentiente*, p. 22).

Capítulo III

Na medida em que o homem vai fazendo sua vida *lançado* na direção do fundamento do "poder do real", esse fundamento se constitui como o apoio "último", "possibilitante" e "impelente" de sua vida; portanto, algo constitutivo da própria vida. E na medida em que este lançamento é uma marcha *real e física*, ele tem caráter de um estrito "tatear", de uma "averiguação", de uma "prova". Na marcha real para o fundamento do "poder do real", o homem vai "tateando", "averiguando", "provando" esse fundamento. E nisso consiste, para Zubiri, "a essência mesma do que chamamos 'experiência'" (17).[48] De modo que a marcha para o fundamento do "poder do real" é uma marcha em "estado de averiguação" desse fundamento; é uma "prova física" desse fundamento; é "experiência" desse fundamento.

A marcha, enquanto real, tem, portanto, um caráter experiencial: é experiência do fundamento do "poder do real"; é "experiência fundamental". E "nessa experiência", diz Zubiri, "acontece a concreta intelecção desse fundamento" (18). Noutras palavras, o homem intelige o fundamento do "poder do real", na medida em que vai fazendo sua vida fundada nesse fundamento, isto é, na medida em que vai experimentando o fundamento como fundamento da própria vida.[49] E, assim, "todo ato seu, até o mais vulgar e modesto, é em todas as suas dimensões, de um modo expresso ou tácito, uma experiência problemática do fundamento do poder do real" (18). Vale ressaltar: "todo ato" (do mais elementar ao mais complexo) e em "todas as suas dimensões" (individual, social e histórica).[50] Pouco importa, aqui, o modo como se dá essa experiência (teísmo, ateísmo, agnosticismo) e o modo como esse fundamento é experimentado (Deus, pura facticidade, realidade ignorada). Em qualquer um desses modos, o homem, como realidade pessoal, vai fazendo sua vida apoiado no fundamento do "poder do real" e vai experimentando esse fundamento como o fundo da própria vida e, assim, como algo que lhe pertence

---

48   Convém advertir que, para Zubiri, "experiência não é um conceito unívoco" e que não se reduz ao que se chama "experiência sensível" (ZUBIRI, *Inteligencia y razón*, p. 223). Ele distingue, pelo menos, quatro modos fundamentais de experiência, de acordo com o tipo de realidade experimentada: *experimentação, compenetração, comprovação* e *conformação* (cf. ZUBIRI, *Inteligencia y razón*, p. 246-257). No que diz respeito à experiência de Deus, enquanto realidade pessoal, ela "não pode consistir em 'experimento' nem em 'comprovação', mas em 'compenetração' e 'conformação'" (GRACIA, *Voluntad de verdad*, p. 229).

49   De modo que "a experiência de Deus, por parte do homem, consiste na experiência do estar fundamentado fundamentalmente na realidade de Deus. Fazendo meu ser fundamentalmente é como tenho experiência de Deus" (ZUBIRI, *El hombre y Dios*, p. 326).

50   Cf. ZUBIRI, *El hombre y Dios*, p. 320-324; 334-342.

constitutivamente. "Daí que o próprio fundamento do poder do real pertence, de uma ou de outra forma, à pessoa mesma: ser pessoa é ser 'figura' desse fundamento, e sê-lo experiencialmente" (18).

Quando o fundamento do "poder do real" é experimentado pela "via" que leva a Deus (via teísta e, mais concretamente, via da religação), essa experiência, diz Zubiri, "é *eo ipso* Deus experimentado como fundamento, é experiência de Deus" (18). E enquanto fundamento último da vida humana, Deus é constitutivo dessa mesma vida. Nas palavras de Zubiri, "Deus, ao ser a realidade fundamento [...], descoberto pela pessoa e na pessoa ao realizar-se como pessoa, não é algo meramente incorporado à realidade pessoal do homem, como algo justaposto a ela" (18). Não é que haja a pessoa humana "e" Deus e que entre eles se possa estabelecer alguma relação. Não se trata propriamente de relação, pois a relação supõe relatos a serem relacionados. E a pessoa só é pessoa enquanto religada ao "poder do real" e lançada, real e problematicamente, na "direção de" seu fundamento último. De modo que esse fundamento no qual se apoia sua realidade e sua realização pessoais, Deus, segundo a via teísta, é constitutivo da própria realidade pessoal e não apenas consecutivo a ela. Mais que de relação, há que se falar, aqui, de respectividade.

"Precisamente porque Deus não é transcendente às coisas, mas transcendente nelas, precisamente por isso as coisas não são *simpliciter* um não Deus, mas sim que de algum modo são uma configuração de Deus *ad extra*" (18). Mas é preciso compreender bem essa afirmação. Certamente, "Deus não é a pessoa humana" (18) nem sua realidade última consiste em ser fundamento da mesma.[51] Se fosse assim, Deus só seria Deus em relação à pessoa humana, da qual seria seu fundamento. Não seria uma "realidade absolutamente absoluta" e, em consequência, tampouco poderia ser o fundamento último do poder do real. Seria a negação de Deus mesmo como Deus. Mas a pessoa humana, enquanto fundada em Deus, "é de alguma maneira Deus: é Deus humanamente" (18). Seu caráter absoluto é relativo: relativo ao poder do real e, em última instância, relativo ao fundamento desse poder. Como "modo de realidade", dizíamos acima, o homem é uma "realidade relativamente absoluta". De modo que "Deus não inclui o homem, mas o homem inclui Deus" (18).

---

51   Cf. ZUBIRI, *El hombre y Dios*, p. 311-317.

Deus é Deus, independentemente do homem; é uma "realidade absolutamente absoluta". Mas o homem só é pessoa e só se realiza como pessoa apoiado em Deus como fundamento "último", "possibilitante" e "impelente" de sua vida; é uma "realidade relativamente absoluta".

Por isso mesmo, diz Zubiri, "o 'e' de 'Deus e homem' não é um 'e' copulativo" (18) ou consecutivo à realidade humana. É, não da parte de Deus, claro, mas da parte do homem, um "e" constitutivo/inclusivo, na medida em que Deus, realidade-fundamento, é constitutivo da vida humana.[52] E o modo desta constituição ou inclusão é, segundo Zubiri, "experiência": "ser pessoa humana é realizar-se experiencialmente como algo absoluto. O homem é formal e constitutivamente experiência de Deus. E essa experiência de Deus é a experiência radical e formal da própria realidade humana" (18). Nisto reside a unidade radical de Deus "e" da pessoa humana. Da parte de Deus, essa experiência se configura como "doação"; "Deus é *quood nos et quood omnes res uma realitas fundamentalis*", a realidade fundamental.[53] Da parte da pessoa humana, "não é que o homem *tenha* experiência de Deus, o homem *é* experiência de Deus, é formalmente experiência de Deus".[54] E, assim, da parte de Deus, "a doação de si é uma doação constituinte da pessoa humana" e, da parte do homem, a experiência de Deus é "uma experiência manifestativa da realidade, enquanto momento e ato pelo qual [ele] se afirma como realidade relativamente absoluta no seio do real".[55] De modo que a "unidade experiencial de Deus 'e' homem" é "uma unidade entre doação e experienciação":[56] Deus se doando como fundamento da realidade humana e o homem experimentado esse fundamento ao fazer sua vida fundada nele. E, com isto, temos explicitado o terceiro passo ou momento da análise da dimensão teologal da vida humana: o homem como *experiência de Deus*.

---

52   Cf. ZUBIRI, *El hombre y Dios*, p. 347-365.

53   ZUBIRI, *El hombre y Dios*, p. 311 "A experiência de Deus é uma experiência real, a *parte Dei*, porque é real doação experiencial; é Deus como pessoa experiencial real e efetivamente. Deus se dá como experienciável, como fundamento experiencial, experienciável e experienciado no fato do homem se constituir como pessoa principalmente absoluta" (ZUBIRI, *El hombre y Dios*, p. 318). "Dizer, então, que Deus é experiência do homem consiste pura e simplesmente em dizer que está se dando ao homem em um dar-se que é experiência. Uma experiência que não é consecutiva ao ser do homem, mas que é uma experiência na qual, simultaneamente, o homem se constitui como tal" (ZUBIRI, *El hombre y Dios*, p. 317).

54   ZUBIRI, *El hombre y Dios*, p. 325.

55   ZUBIRI, *El hombre y Dios*, p. 349.

56   ZUBIRI, *El hombre y Dios*, p. 356.

"Religação" ao "poder do real", descoberta de Deus na "marcha intelectiva" para o fundamento desse poder e "experiência de Deus" como realidade fundamental são os três passos ou momentos da análise e apresentação que Zubiri faz da dimensão teologal do homem. Como ele mesmo adverte, "não são três momentos *sucessivos*, mas sim que cada um deles está fundado no anterior. Constituem, portanto, uma *unidade* intrínseca e formal. Nessa unidade consiste a estrutura última da dimensão teologal do homem" (18): a *religação* lança o homem, problemática e realmente, na "direção de" seu fundamento último; nesse lançamento, ele descobre *Deus* como fundamento do "poder do real" e se descobre a si mesmo como *experiência de Deus*.

A modo de conclusão

Enquanto realidade pessoal, o homem tem uma dimensão que dá acesso e envolve constitutivamente a realidade de Deus como realidade fundamental ou como fundamento último do poder do real na vida humana. É o que Zubiri chama a *dimensão teologal do homem*. O *teologal* (que dá acesso ao e envolve o problema de Deus como dimensão última do real) não é algo consecutivo nem opcional na realidade humana, mas algo constitutivo da mesma, uma estrita *dimensão* humana (constitui a realidade humana e a mensura a partir de ou do ponto de vista de seu fundamento último). Neste sentido, a vida humana se constitui e se revela, em última instância, como *experiência de Deus*. Vale repetir: "o homem é formal e constitutivamente experiência de Deus" (18) e, como tal, uma "maneira finita de ser Deus" (19):[57] "Deus humanamente" (18).

Essa é a base e o ponto de partida de toda discussão sobre o problema de Deus na vida humana que, como indicamos na introdução deste estudo, está divido em três grandes partes: *religação* ou dimensão teologal da vida humana; *religião* como plasmação da religação; *cristianismo* como forma de religião. Sua importância se deve tanto ao fato de ser *um momento* da abordagem total do problema de Deus na vida humana, quanto, sobretudo, ao fato de ser *o momento fundamental* dessa abordagem. Daí a importância e, mesmo, necessidade de sua análise, compreensão e apresentação. É, certamente, uma

---

57   ZUBIRI, *El hombre y Dios*, p. 327. "O homem é uma maneira finita, entre outras muitas possíveis, de ser Deus real e efetivamente. E o que chamamos natureza humana não é outra coisa senão esse momento de finitude que pode ser múltiplo e variado, mas que no caso do homem é uma estrutura determinada" (ZUBIRI, *El hombre y Dios*, p. 327).

Capítulo III

análise incompleta do problema de Deus na vida humana, tal como desenvolveu Xavier Zubiri, mas um momento fundamental e necessário dessa análise.

Bibliografia

CESCON, Everaldo. O problema de Deus e do seu acesso e a experiência de Deus. *Teologia y Vida* XLIV (2003) 373-394.

_____. Uma introdução ao pensamento filosófico-teológico de Xavier Zubiri (1898-1983). *Síntese* 100 (2004) 239-282.

CRUZ, Jesús Sáez. *La accesibilidad de Dios*: su mundanidad y transcendencia en Xavier Zubiri. Salamanca: Universidad Pontificia Salamanca, 1995.

ELLACURÍA, Ignacio. *Filosofía de la realidad histórica*. San Salvador: UCA, 1999.

FERRAZ FAYOS, Antonio. *Zubiri*: el realismo radical. Madrid: Ediciones Pedagógicas, 1995.

GONZÁLEZ, Antonio. Aproximación a la filosofía zubiriana de la religión. In: NICOLÁS, Juan Antonio; BARROSO, Oscar (ed.). *Balance y perspectivas de la filosofía de Xavier Zubiri*. Granada: Comares, 2004. p. 265-282.

_____. *Introducción a la práctica de la filosofía*: texto de iniciación. San Salvador: UCA, 2005.

GRACIA, Diego. *Voluntad de verdad*. Para leer a Zubiri. Madrid: Triacastela, 2007.

_____. Zubiri. In: LATOURELLE, René; FISICHELLA, Rino (dir.). *Dicionário de Teologia Fundamental*. Petrópolis: Vozes; Aparecida: Santuário, 1994. p. 1054-1057.

IGLESIAS, Fernando Llenin. *La realidad divina*: el problema de Dios en Xavier Zubiri. Oviedo: Gráficas Luz, 1990.

ORTEGA, Francisco. *La teología de Xavier Zubiri*: su contextualización en la teología contemporánea. Huelva: Hergué, 2005.

PINTOR RAMOS, Antonio. *Realidad y verdad*: las bases de la filosofía de Zubiri. Salamanca: Pontificia Universidad, 1994.

_____. *Zubiri* (1898-1983). Madrid: Ediciones del Orto, 1996.

_____. Zubiri. In: PIKAZA, Xavier; SILANES, Nereo (dir.). *Dicionário Teológico*: o Deus cristão. São Paulo: Paulus, 1998. p. 947-949.

ZUBIRI, Xavier. *El hombre y Dios*. Madrid: Alianza Editorial, 2003.

_____. *El problema filosófico de la historia de las religiones*. Madrid: Alianza Editorial, 2006.

_____. *El problema teologal del hombre*: Cristianismo. Madrid: Alianza Editorial, 1999.

_____. *Inteligencia sentiente*: inteligencia y realidad. Madrid: Alianza Editorial, 2006.

_____. *Inteligencia y razón*. Madrid: Alianza Editorial, 1983.

_____. *Naturaleza, historia, Dios*. Madrid: Alianza Editorial, 2004.

_____. O problema teologal do homem. In: OLIVEIRA, Manfredo; ALMEIDA, Custódio (org.). *O Deus dos filósofos modernos*. Petrópolis: Vozes, 2002. p. 13-20.

_____. *Sobre la esencia*. Madrid: Alianza Editorial, 1985.

_____. *Tres dimensiones del ser humano*: individual, social, histórica. Madrid: Alianza Editorial, 2006.

CAPÍTULO IV

A relação teologia-filosofia na América Latina[1]

A problemática da relação teologia e filosofia na América Latina é algo bastante complexo e ambíguo, a começar pela diversidade de teologias existentes ou feitas em nosso Continente: teologias tradicional-escolásticas, teologias moderno-europeias, teologias de tradição protestante, teologias carismático-pentecostais, teologias da libertação etc. E em cada uma dessas teologias, a questão da relação teologia-filosofia tem características muito peculiares. Não vamos tratar aqui de todas essas teologias *presentes no Continente*, mas apenas das teologias da libertação que se pretendem *explicitamente latino-americanas* e que, por isso mesmo, serão nomeadas ou indicadas indistintamente em termos de teologias da libertação ou teologias latino-americanas.

É preciso reconhecer antes de tudo que a problemática da relação teologia-filosofia não teve nas teologias da libertação a mesma importância e centralidade que teve no conjunto da tradição teológica ocidental. O que não significa dizer que tenha estado completamente ausente nas produções e nos debates desenvolvidos por essas teologias, embora se trate de uma presença mais implícita (nível dos pressupostos e das implicações teórico-práticos) que explícita (nível da tematização).

Mesmo no âmbito das discussões epistemológicas, onde se problematiza e se reflete o fazer teórico-teológico, algo típico da atitude e do pensar filosóficos, essa problemática não parece ter desempenhado um papel tão central e determinante no conjunto das teologias latino-americanas. Em geral, foi algo mais pressuposto que desenvolvido. Na melhor das hipóteses, com

---

1 Publicado na Revista *Horizonte* 44 (2016) 1495-1537.

83

Capítulo IV

raríssimas exceções, algo apenas indicado ou esboçado. Sem falar que muitas teologias (principalmente as teologias indígenas e negras, mas também as teologias populares), distinguindo ou mesmo opondo o modo de pensar dos povos originários (sapiencial) ao modo de pensar grego (filosófico), entendem-se e desenvolvem-se não tanto segundo o esquema teologia-filosofia, mas, antes, segundo o esquema teologia-sabedoria. Dizemos "não tanto, mas, antes" porque esta distinção/oposição (sabedoria x filosofia) não deixa de ser uma atitude ou mesmo um esboço de teoria filosófica.

Tudo isso torna a abordagem de nosso tema bastante complexa e difícil, mas também bastante interessante e oportuna. Começaremos fazendo algumas constatações sobre a relação teologia-filosofia nas teologias da libertação (*aproximação historiográfica*). E, num segundo momento, faremos uma abordagem mais sistemática da problemática, indicando sua importância, seu lugar e algumas de suas contribuições para o quefazer teológico (*aproximação sistemática*).

1. Aproximação historiográfica

Convém começar fazendo um *balanço histórico* da importância e do lugar da problemática teologia-filosofia no *conjunto* das teologias da libertação. Falamos de "balanço" e de "conjunto" porque nem vamos analisar exaustivamente a problemática, nem vamos nos deter na análise dessa problemática em nenhuma teologia da libertação concreta, nem muito menos do conjunto das teologias da libertação. Nossa pretensão é muito mais modesta. Queremos simplesmente esboçar um panorama geral do papel desempenhado por essa problemática no fazer teológico latino-americano. Embora corra o risco de simplificações e/ou generalizações apressadas, esse tipo de abordagem tem a vantagem de oferecer uma visão de conjunto da questão em sua complexidade e em suas ambiguidades e, com isso, explicitar a necessidade e urgência de desenvolver ou ao menos esboçar de modo sistemático a importância e o lugar dessa problemática no conjunto do fazer teológico. É neste sentido bastante amplo que falamos aqui de uma "aproximação historiográfica".

A problemática da relação teologia-filosofia no conjunto das teologias da libertação é algo bastante complexo e ambíguo, começando pela *pluralidade* que caracteriza o que de forma um tanto genérica e simplória se convencionou chamar "teologia da libertação" (TdL). Na verdade, nunca existiu uma TdL no singular, nem sequer nas primeiras décadas, quando se falava normalmente de TdL no singular e quando ainda não tinha se desenvolvido de modo mais ou menos explícito e autônomo uma diversidade de teologias da libertação irredutíveis umas às outras e até mesmo em conflito umas com as outras (teologia feminista, teologia negra, teologia indígena, teologia popular, teologia ecológica, teologia gay etc.).

E essa pluralidade que caracteriza o movimento teológico latino-americano que se convencionou chamar TdL (no singular) e que cada vez mais é nomeado como teologias da libertação (no plural) não diz respeito apenas aos *conteúdos abordados*, mas também e sobretudo ao *modo de abordá-los*, o que repercute de maneira determinante na problemática teologia-filosofia no fazer teológico. Não só pela diversidade de filosofias assumidas e/ou pressupostas, mas também pela importância e pelo lugar que essa problemática tem e/ou ocupa no fazer e no produto teológicos.

Grosso modo, não obstante o risco de simplificação e generalização já indicado, podemos afirmar que a problemática teologia-filosofia no conjunto das teologias da libertação, com raríssimas exceções, ou não foi tematizada e desenvolvida, ou foi apenas indicada e/ou esboçada. E isso tem muitas consequências positivas e negativas para as teologias da libertação que convém considerar.

A. Uma problemática não tematizada nem desenvolvida

Grande parte da produção teológica latino-americana não se confrontou direta e explicitamente com essa problemática. E por várias razões: ou porque não parecia relevante nem necessário; ou porque seu nível de elaboração não implicava ou até prescindia dessa problemática; ou porque sua forma de elaboração se desenvolvia numa matriz teórica distinta da matriz teórica ocidental.

a) Irrelevância e/ou ineficácia

Se é verdade que a filosofia se constituiu na principal interlocutora da teologia ocidental até a primeira metade do século XX, também é verdade que as ciências humanas em geral e as ciências sociais em particular se tornaram as interlocutoras mais importantes da reflexão teológica latino-americana.

85

Há quem pense até que elas chegaram a substituir a filosofia como mediação teórica fundamental no quefazer teológico. Em todo caso, não há como negar o *fato* dessa interlocução nem sua *importância* nas teologias latino-americanas.[2]

Embora não seja uma consequência necessária, tal fato não deixa de estar ligado ao dinamismo teológico-pastoral desencadeado pelo Concílio Vaticano II e radicalizado pela Igreja latino-americana a partir das Conferências de Medellín e Puebla e da teologia da libertação. Se a Igreja se entende como "sacramento de salvação" ou como "sinal e instrumento do Reino" no "mundo" (cf. *LG* 1, 5, 8, 9, 48; *GS* 42, 45; *AD* 1, 5; *SC* 5s) e se essa "salvação" em contextos de miséria e opressão se realiza como "libertação" (cf. *Medellín*, Introdução), a referência ao mundo e aos processos de libertação aparece como algo constitutivo da Igreja e sua missão salvífica. E, assim, o conhecimento do mundo, particularmente no que tem de opressão-libertação, torna-se algo fundamental para a vivência da fé e para a missão da Igreja.

Neste contexto, as ciências que se dedicam ao conhecimento do mundo, de modo especial as ciências humanas em geral e a ciências sociais em particular, adquirem uma importância enorme na vivência da fé e na realização da missão da Igreja e, consequentemente, na reflexão teológica, enquanto inteligência da fé. Ante essas ciências que nos ajudam a conhecer o mundo tal como ele se apresenta, bem como as reais possibilidades de transformação das injustiças sociais, a filosofia (filosofia clássica? filosofia escolástica? qualquer filosofia?) aparece, não raras vezes, como abstração e/ou especulação pouco eficaz ou, em todo caso, como algo secundário. Não se trata tanto de uma negação explícita e radical da mediação filosófica no fazer teológico, mas, antes, de um preterir, de um não priorizar ou simplesmente de um deixar de lado. Mesmo quando se reconhece explicitamente a importância da mediação filosófica no fazer teológico, isso não recebe maiores desenvolvimentos nem muito menos um tratamento adequado.[3] Com raríssimas exceções, esta posição está bastante presente no conjunto das teologias da libertação, ainda que de forma mais ou menos inconsciente e/ou implícita e radical.

---

2   Cf. C. BOFF, *Teoria e prática*, p. 35-129; GUTIÉRREZ, *A verdade vos libertará*, p. 67-97; LIBANIO, *Teologia da Libertação*, p. 173-207; ANDRADE, *Fé e eficácia*; AQUINO JÚNIOR, *O caráter práxico-social da teologia*, p. 117-136.

3   Cf. GUTIÉRREZ, *Teologia da Libertação*, p. 65s; ANDRADE, *Fé e eficácia*, p. 162-169; C. BOFF, *Teoria do Método Teológico*, p. 371-385.

A relação teologia-filosofia na América Latina

Clodovis Boff formulou bem a questão:

> No currículo canônico, o estudo orgânico da filosofia é até hoje apresentado e exigido como a grande mediação teórica da teologia e não as ciências humanas, incluindo as sociais. Contudo, poder-se-ia levantar a seguinte questão: no contexto do terceiro mundo, será ainda a filosofia a mediação *privilegiada* da teologia? De fato, as grandes questões que desafiam a Igreja na Periferia do mundo não dizem diretamente respeito à ordem do ser, mas sim à ordem do viver. Não são as questões metafísicas, mas cruamente questões físicas. São as que se referem às chamadas "necessidades básicas", tais como: trabalho, comida, moradia, educação e saúde básicas [...]. Para as imensas maiorias do planeta, a questão mais premente não é a das "razões de viver" [...]. A questão mais urgente é, sim, a dos "meios de viver". Ora, para enfrentar as dramáticas questões sociais das grandes massas, a Igreja necessita da ajuda das ciências sociais [...]. Efetivamente, as ciências, mais que a filosofia, educam para a *análise*, para além da reflexão pura; para o lado *concreto*, isto é, positivo e experimental das questões e não para o seu lado abstrato; para o aspecto *prático*, e não para as discussões puramente teóricas e, muitas vezes, inconcludentes [...]. Se assim é, a filosofia [...] já não parece mais gozar do estatuto de *interlocutora principal* da teologia. Esse papel competiria hoje às ciências humanas e sociais.[4]

b) Nível de elaboração

Além de privilegiar a mediação das ciências humanas em vista de um maior conhecimento da realidade e de seus processos de transformação, as teologias da libertação nasceram e se desenvolveram numa relação muito estreita com as comunidades eclesiais de base e sua ação pastoral/evangelizadora. E isso determinou em boa medida o tipo de teologia que foi sendo produzida na América Latina: tanto no que diz respeito ao conteúdo (questões, urgências, prioridades etc.) quanto no que diz respeito ao nível de elaboração (sensibilidade, linguagem, perguntas etc.).

Clodovis Boff distinguiu na teologia latino-americana três "formas de discurso" quanto ao "nível de elaboração teórica": *Teologia profissional*, que "adota em geral o caminho da ciência" (lógica da ciência); *Teologia pastoral*, "próxima do gênero sabedoria" (lógica da ação); *Teologia popular*, que

---

4   C. BOFF, *Teoria do Método Teológico*, p. 379ss. Boff adverte que "não se trata aqui de substituir um interlocutor por outro. Pois ambas, filosofia e ciências, são necessárias para a teologia. A pergunta versa apenas sobre a questão do interlocutor principal ou privilegiado, ou seja, pela mediação cultural mais urgente" (C. BOFF, *Teoria do método teológico*, p. 381).

Capítulo IV

"corresponde ao 'senso comum' e tem a forma da linguagem ordinária" (lógica do cotidiano).[5]

E Juan Luis Segundo, em uma conferência intitulada "Críticas e autocríticas da Teologia da Libertação", tratando de questões epistemológicas dessa teologia, mais concretamente da relação teologia da libertação e prática pastoral, afirma que

> a maior parte da produção da teologia da libertação, a mais criativa pedagógica e teologicamente falando, não está direcionada atualmente ao nível acadêmico de costume nem mesmo a um público culto médio como acontece em outras partes, mas a acompanhar e a ajudar à reflexão que se faz precisamente dentro das comunidades eclesiais de base. Existe aí uma quantidade enorme de material teológico que se está criando continuamente na América Latina, material vulgarizado no âmbito popular, simplificado em seus termos e em suas temáticas, mas afinal teológico. E muitas vezes original e valioso.[6]

Deixando de lado a crítica desenvolvida por Segundo no sentido de que a teologia da libertação foi, com isso, senão suprimindo, tomando para si a função mediadora da pastoral e, assim, constituindo-se como uma teologia pastoral, isto é, como uma teologia que "surge já na forma direta da fé feita práxis no povo cristão", uma teologia que "se faz escutando o povo e em diálogo com ele",[7] importa reconhecer que, neste nível de elaboração teórica, a filosofia aparece não apenas como algo secundário e/ou ineficaz, mas também como algo estranho. E pouco importa, aqui, se essa estranheza pode ser compreendida e formulada apenas em termos de "níveis de elaboração teórica" (primário/básico – secundário/posterior) ou se, em última instância, não deve ser compreendida e formulada em termos de "formas de elaboração teórica" (sapiencial/concreto x filosófico/abstrato).

Fato é que boa parte da produção teológica latino-americana foi desenvolvida, para usar a formulação de Clodovis Boff, segundo a lógica da vida cotidiana e da ação (sabedoria), e não segundo a lógica da ciência e da filosofia (teoria). É uma teologia muito mais ligada ao concreto, às experiências, aos sentidos... Pouco afeita ou mesmo um tanto avessa às especulações e abstrações próprias do pensar filosófico. Mais que uma questão de irrelevância ou

---

5   C. BOFF, *Teoria do método teológico*, p. 597-608.

6   SEGUNDO, *Críticas y autocríticas de la teología de la liberación*, p. 215-236.

7   Cf. SEGUNDO, *Críticas y autocríticas de la teología de la liberación*, p. 228.

A relação teologia-filosofia na América Latina

ineficácia, a não tematização ou o não desenvolvimento da problemática teologia-filosofia tem a ver, aqui, com uma diversidade de "níveis" ou mesmo de "formas" de elaboração teológica.

c) Forma de elaboração

Algumas teologias da libertação – principalmente as teologias indígenas e negras, mas também as teologias populares – têm chamado atenção para sua forma própria de inteligência da fé. Ela não pode ser reduzida a uma espécie de popularização/vulgarização da teologia a ser desenvolvida posteriormente ou que pressupõe uma teologia mais desenvolvida (nível de elaboração teórica). É, antes e mais radicalmente, uma maneira diferente de fazer teologia (forma de elaboração), ligada à uma matriz cultural distinta da matriz ocidental – "matriz" no sentido genuíno de "útero" ou "seio materno" onde a vida é gestada e se desenvolve, também no que diz respeito ao modo de intelecção (apreensão e expressão) da realidade.

Trata-se, aqui, de uma forma *simbólico-sapiencial* de fazer teologia (mais ligada ao concreto, ao cotidiano, às experiências etc.), diferente da forma *teórico-conceitual* da teologia ocidental que predomina, inclusive, na maioria das teologias da libertação (mais abstrata, especulativa, objetiva, precisa etc.). É uma forma de fazer teologia que se dá, sobretudo, através de mitos, histórias, arte, liturgia, exercícios de piedade etc., e em linguagem narrativa, sapiencial, simbólica etc.[8] E, aliás, uma forma de teologia muito mais próxima do modo bíblico de fazer teologia.[9]

Víctor Codina, de modo especial, tem insistido muito, ainda que numa formulação um tanto ambígua, na novidade e na irredutibilidade do que chama "razão simbólica" em relação à "razão ocidental" e mais precisamente à "razão moderna":

> Frente ao mundo da razão lógica instrumental e matemática, a razão simbólica enfatiza o mundo do coração, da vivência, da experiência, da religião, com seus símbolos e ritos. Não se preocupa somente com os meios ou instrumentos, e sim com os fins, com o para que e para onde. Diante do mundo ocidental, tão

---

8   Cf. IRARRAZAVAL, *Repercusión de lo popular en la teología*, p. 181-197; IRARRAZAVAL, *De baixo e de dentro*, p. 103-113.

9   Cf. H. ZIMMERMANN, *Conhecimento*, p. 204-210; ZIENER, *Palavra*, p. 794-798; CORBAN; VANHOYE, *Conhecer*, p. 165-169; C. BOFF, *Teoria do método teológico*, p. 188-192.

Capítulo IV

machista, inclui a perspectiva da mulher, mais intuitiva e profunda. Diante da consideração absolutizante da história e do progresso, realça a importância da natureza, do cosmos, da terra, como sacramento religioso. Diante do mundo da violência, busca a utopia da não violência, pois a razão simbólica é vital e está apegada às fontes da vida. Diante da eficácia da práxis, privilegia a festa, e diante do serviço, propicia a comunhão: não somente *ser para* os demais (Bonhoeffer), mas sim *estar com* os demais, participar, compartilhar. Diante da universalidade do racional e do técnico, que busca uma língua universal, comum e planetária (inglês, esperanto...), valoriza o pluralismo, o nacional, a pátria, a família, a casa, as línguas, as culturas, a memória, o relato... Diante da acentuação unilateral da ética, sublinha a estética, o formoso e o belo. Não somente *uti* (usar, o útil...) e sim *frui* (desfrutar, gozar...).[10]

O próprio Codina reconhece que não é fácil caracterizar nem definir essa "razão simbólica", pois ela "pertence ao âmbito supralógico: o cordial, o imaginativo, o vital, o mítico, o poético... e enlaça as raízes últimas do ser humano e do povo",[11] e que sua afirmação não significa uma negação sem mais da "razão ocidental".[12] Mas insiste que "não se pode universalizar o conceito ocidental de 'teologia'", pois há "outras expressões não escritas nem racionais de teologia que expressam a experiência de Deus através de mitos, lendas, hinos, cantos, ritos, símbolos que são comunicados oralmente de geração em geração". De modo que "identificar a teologia com a teologia ocidental greco-latina ou europeia é empobrecer o sentido da teologia".[13]

Importa reconhecer, em todo caso, que, para algumas teologias da libertação, a não tematização da problemática teologia-filosofia não significa um problema nem um desafio, mas, antes, indica uma forma diferente de fazer teologia. Ante o *modo teórico-conceitual* de fazer teologia no Ocidente, temos, aqui, um *modo simbólico-sapiencial* de fazer teologia, próprio dos povos originários. Se a relação *teologia-filosofia* é fundamental na teologia ocidental, nas teologias indígena-negra-popular, a relação decisiva é *teologia-sabedoria*.

---

10 CODINA, *Creio no Espírito Santo*, p. 176s.

11 CODINA, *Creio no Espírito Santo*, p. 175.

12 Cf. CODINA, *Creio no Espírito Santo*, p. 174s; CODINA, *A teologia latino-americana na encruzilhada*, p. 185-189.

13 CODINA, *Es posible hacer teología hoy?*, p. 193s.

A relação teologia-filosofia na América Latina

B. Uma problemática apenas intuída e/ou esboçada

Se é verdade que grande parte da produção teológica latino-americana não se confrontou direta e explicitamente com a problemática da relação teologia-filosofia, também é verdade que essa problemática não esteve completamente ausente, sobretudo nas primeiras décadas e em suas primeiras elaborações – até por influência da teologia europeia em que foram formadas as primeiras gerações de teólogos da libertação. Em todo caso, em geral, foi apenas intuída, indicada e/ou esboçada. Exceção, aqui, é, sem dúvida nenhuma, Ignacio Ellacuría e, em parte, Juan Carlos Scannone.

Embora não tenhamos condição de desenvolver um estudo abrangente nem muito menos exaustivo dessa problemática nas teologias da libertação, vamos pelo menos recolher suas principais intuições, indicações e esboços e (arriscar!?) indicar suas perspectivas e/ou orientações fundamentais.

a) Intuições, indicações, esboços...

Mesmo sem maiores desenvolvimentos e prescindindo da discussão de suas reais implicações no fazer teológico, podemos encontrar em alguns escritos de teologia da libertação intuições, indicações e esboços da problemática teologia-filosofia:

1) Gustavo Gutiérrez, falando da teologia da libertação como "reflexão crítica da práxis histórica à luz da Palavra",[14] indica uma série de fatores de ordem científica e filosófica e de ordem estritamente teológica que contribuíram para destacar o caráter práxico do fazer teológico. Com relação aos fatores de ordem filosófica, destaca a "importância da ação humana como ponto de partida de toda reflexão". E se refere explicitamente a Blondel e sua concepção do quefazer filosófico como "reflexão crítica da ação" e a "influência do pensamento marxista centrado na práxis, voltado para a transformação da sociedade".[15] O grande desafio, aqui, consiste em "colocar o trabalho teológico no complexo e fecundo contexto da relação teoria-práxis".[16]

2) Juan Luis Segundo, mais que de teologia da libertação, fala de "libertação da teologia".[17] Para ele, "a libertação não pertence tanto ao conteúdo quanto ao método

---

14 GUTIÉRREZ, *Teologia da Libertação*, p. 71.

15 Cf. GUTIÉRREZ, *Teologia da Libertação*, p. 65s.

16 GUTIÉRREZ, *A força histórica dos pobres*, p. 293; cf. GUTIÉRREZ, *A verdade vos libertará*, p. 107-114.

17 Cf. SEGUNDO, *Libertação da Teologia*.

Capítulo IV

que se usa para fazer teologia frente à nossa realidade".[18] E esse método consiste fundamentalmente no que ele chama "círculo hermenêutico", isto é, "a contínua mudança de nossa interpretação da Bíblia em função das contínuas mudanças de nossa realidade presente, tanto individual quanto social".[19] Ele reconhece explicitamente a influência de filosofias existencialistas e hermenêuticas em seu pensamento: leu bastante Sartre, Marcel, Heidegger e outros existencialistas; com 23 anos publicou seu primeiro livro: *Existencialismo, filosofia e poesia: ensaio de síntese*; e as duas teses que escreveu para o doutorado em teologia estão dedicadas respectivamente ao estudo do existencialista russo Berdiaeff (tese central) e de Paul Ricoeur (tese complementar).[20]

3) Clodovis Boff, em sua tese de doutorado sobre a *Teologia do político e suas mediações* desenvolveu bastante questões de epistemologia na linha Ladrière, Althusser, Bachelard, Bourdieu e Ricoeur,[21] mas não propriamente a mediação filosófica. Em *Teoria do Método Teológico*, trata explicitamente da mediação filosófica da teologia mais como "postura filosófica" que como "sistema filosófico".[22] Em todo caso, pode-se identificar tanto na tese de doutorado quanto em seus escritos posteriores uma dupla e tensa influência, cuja predominância varia bastante em épocas e em textos: filosofia clássico-escolástica (em especial Aristóteles e Tomás de Aquino) e filosofias hermenêuticas. E cada vez mais o pêndulo pende para a filosofia clássico-escolástica.[23]

4) Ignacio Ellacuría foi certamente o teólogo que de modo mais sistemático e consequente desenvolveu a mediação filosófica de seu fazer teológico em diálogo fecundo e criativo com a filosofia de Xavier Zubiri.[24] Em seus arquivos, encontra-se, aliás, um esquema de curso ou conferência de 1985, em que indica dois aportes fundamentais da filosofia zubiriana à TdL: "Na ordem epistemológica, as teses fundamentais de Zubiri dão razão ao método da TdL e o potenciam" (congenereidade de realidade e inteligência, superação da "logificação da inteligência" pela "inteligização do logos", caráter sentiente da inteligência, inteligên-

---

18   SEGUNDO, *Libertação da Teologia*, p. 11.

19   SEGUNDO, *Libertação da Teologia*, p. 10.

20   Cf. CORONADO, *Livres e responsáveis*, p. 19-23.

21   Cf. C. BOFF, *Teoria e Prática*, p. 30.

22   C. BOFF, *Teoria do Método Teológico*, p. 374.

23   Cf. C. BOFF, *Volta ao fundamento*: réplica, p. 918s; C. BOFF, *O rigor científico*: princípios elementares extraídos de Aristóteles no interesse da teologia, p. 1559-1579.

24   Cf. ELLACURÍA, *Hacia una fundamentación del método teológico latino-americano*, p. 187-218; ELLACURÍA, *El método en la teología latinoamericana*, p. 219-234; ELLACURÍA, *Relación teoría y praxis en la teología de la liberación*, p. 235-245; ELLACURÍA, *Tesis sobre la posibilidad, necesidad y sentido de una teología latino-americana*, p. 271-301; ELLACURÍA, *Escritos Filosóficos I*; ELLACURÍA, *Escritos Filosóficos II*; ELLACURÍA, *Escritos Filosóficos III*; ELLACURÍA, *Cursos universitarios*; ELLACURÍA, *Filosofía de la realidad histórica*.

cia como momento da práxis); "na ordem metafísica, os aportes de Zubiri fundamentam discursos básicos da TdL" (caráter estrutural-dinâmico da realidade, importância metafísica do histórico, importância teologal da história, o *phylum* humano como sujeito da história, a materialidade da história não permite evasões idealistas ou transcendentalistas).[25]

5) Juan Carlos Scannone, vinculado à teologia da libertação desenvolvida na Argentina e conhecida como teologia popular ou teologia do povo ou teologia populista,[26] mais que um teólogo da libertação, considera-se um filósofo a serviço dessa teologia.[27] Ele trata a TdL como uma hermenêutica da práxis dos povos latino-americanos compreendida numa perspectiva "histórico-cultural"[28] a partir da categoria teórico-simbólica *mestiçagem cultural* da qual deriva a categoria *povo latino-americano*.[29] E desenvolve uma fundamentação filosófica dessa teologia em diálogo fecundo com as tradições hermenêuticas, particularmente com Paul Ricoeur,[30] na linha de uma "filosofia inculturada": "aquela que levanta a pretensão de se articular no nível conceitual a partir do nível simbólico da sabedoria popular dos povos latino-americanos";[31] "uma tradução na esfera do especulativo da racionalidade sapiencial da sabedoria popular".[32]

6) Além dessas referências explícitas que indicam uma interlocução mais ou menos direta e consequente dessas teologias com determinados filósofos e/ou filosofias, seria possível identificar em diferentes autores/as e/ou textos teológicos latino-americanos referências filosóficas indiretas que, em geral, vão numa dupla e tensa direção: filosofias da práxis e filosofias hermenêuticas. Mas aqui não é possível sequer indicar esses autores e textos. Em todo caso, é importante chamar atenção para esse fato porque em geral as teologias da libertação se compreendem como teologias da práxis e/ou como hermenêuticas teológicas. Falam constantemente de práxis e de hermenêutica ou lugar hermenêutico, mesmo quando não explicitam com maior rigor sua compreensão de práxis, da relação teoria-práxis e de

---

25 ELLACURÍA, *El aporte de la filosofía zubiriana a la teología de la liberación*. Essa linha aberta por Ellacuría em diálogo com Zubiri foi desenvolvida posteriormente de modo muito fecundo e original por Antonio González (cf. GONZÁLEZ, *El significado filosófico de la teología de la liberación*, p. 145-160; GONZÁLEZ, *Estructuras de la praxis*; GONZÁLEZ, *Teología de la praxis evangélica*; GONZÁLEZ, *Surgimiento*.

26 Cf. SCANNONE, *Teología de la liberación y praxis popular*; SCANNONE, *A teologia da libertação*: caracterização, correntes, etapas, p. 321-346; AQUINO JÚNIOR, *A teologia como intelecção do reinado de Deus*, p. 59-69.

27 Cf. SCANNONE, *Theologie, Philosophie und Inkulturacion in Latinoamerika*, p. 78.

28 Cf. SCANNONE, *A teologia da libertação: Caracterização, correntes, etapas*, p. 336.

29 Cf. SCANNONE, *Nuevo punto de partida de la filosofía latinoamericana*, p. 147ss.

30 Cf. SCANNONE, *Nuevo punto de partida de la filosofía latinoamericana*, p. 140-146.

31 OLIVEIRA, *Reviravolta linguístico-pragmática na filosofia contemporânea*, p. 389.

32 OLIVEIRA, *Reviravolta linguístico-pragmática na filosofia contemporânea*, p. 402.

Capítulo IV

hermenêutica ou lugar hermenêutico, nem muito menos dialogam explicitamente com algum filósofo.

7) Uma questão específica que não podemos abordar aqui, pois exige um tratamento especial que extrapola os limites deste trabalho, diz respeito à chamada filosofia da libertação e, sobretudo, sua relação real e efetiva com as teologias da libertação. Em todo caso, convém chamar a atenção para sua complexidade e pluralidade,[33] tanto no que diz respeito às perspectivas filosóficas quanto no que diz respeito à relação com o fazer teológico. Embora a expressão filosofia da libertação apareça sempre associada ao nome de Enrique Dussel,[34] essa é apenas uma de suas correntes. Há várias outras, dentre elas as que foram desenvolvidas por Ignacio Ellacuría e Juan Carlos Scannone. Para não falar de outras perspectivas filosóficas desenvolvidas no continente em profunda sintonia com os movimentos e as teologias da libertação, como, por exemplo, a filosofia de Manfredo Oliveira.[35] Além do mais, haveria que analisar até que ponto a filosofia da libertação de Enrique Dussel repercutiu efetivamente nas teologias da libertação. Mas isso extrapola os limites deste trabalho. Em todo caso, não se pode deixar de destacar sua importância na interlocução mais ou menos direta e explícita de muitos teólogos da libertação com a filosofia de Emmanuel Levinas, particularmente com a categoria de "alteridade".[36]

b) Perspectivas e/ou orientações fundamentais

No item anterior identificamos em diferentes escritos e/ou correntes de teologia da libertação um conjunto de referências filosóficas diretas ou indiretas. Elas parecem indicar, ainda que de modo um tanto genérico e indeterminado, a predominância de uma dupla e tensa perspectiva ou orientação filosófica fundamental entre as teologias da libertação que convém indicar, embora não tenhamos condição de desenvolver aqui adequadamente essa questão: práxis e/ou hermenêutica.

---

33 Cf. ELLACURÍA; SCANNONE, *Para una filosofia desde América Latina*; SCANNONE, *Fé cristã e filosofia hoje na América Latina*, p. 49-58; PRIMER ENCUENTRO MESOAMERICANO DE FILOSOFIA, *Para una filosofia libertadora*; RAMAGLIA, *La cuestión de la filosofía latino-americana*, p. 377-398; ORTIZ et al., *La filosofía de la liberación*, p. 399-417.

34 Cf. DUSSEL, *Filosofia da libertação*; DUSSEL, *Filosofia da libertação*: crítica à ideologia da exclusão; R. ZIMMERMANN, *América Latina – o Não-Ser*; LAMPE, *Ética e a filosofia da libertação*.

35 Cf. OLIVEIRA, *Ética e racionalidade moderna*; OLIVEIRA, *Ética e práxis histórica*; OLIVEIRA, *Ética e economia*; OLIVEIRA, *Tópicos sobre dialética*; OLIVEIRA, *Diálogos entre fé e razão*; OLIVEIRA, *Desafios éticos da globalização*; OLIVEIRA, *Ética, direito e democracia*; OLIVEIRA, *A religião na sociedade urbana e pluralista*.

36 Cf. SUSIN, *O homem messiânico no pensamento de Emmanuel Levinas*; SUSIN, *O esquecimento do outro na história do Ocidente*, p. 820-838; SUSIN, *Identidade como apropriação e narcisismo*, p. 90-103; SUSIN, *Sine propium* – ontologia e antropologias em conflito, p. 391-406.

A relação teologia-filosofia na América Latina

Talvez devamos situar essas perspectivas ou orientações filosóficas fundamentais e, sobretudo, sua assunção direta ou indireta pelas teologias da libertação no contexto amplo e complexo da nova atitude filosófica desencadeada pelo lema da filosofia de Husserl: "às coisas mesmas" (zu den Sachen selbst!). Não vamos entrar aqui na discussão sobre o modo como Husserl desenvolveu esse seu projeto filosófico (redução das coisas a correlato objetivo e ideal da consciência) nem na discussão sobre o estatuto teórico da fenomenologia e de suas várias correntes ou perspectivas. Importa simplesmente chamar a atenção para o fato de que a fenomenologia provocou (abriu, forçou) uma volta filosófica às coisas mesmas (outra questão é a compreensão das coisas e do caminho para as coisas de cada fenomenólogo/a). E isso parece sintonizar bastante com teologias que querem, a partir e na perspectiva da fé cristã, compreender e transformar a realidade como são as teologias da libertação. Talvez isso explique a tendência difusa à ruptura com a filosofia clássica (filosofia "perene") e a simpatia ou sintonia com essas filosofias ou intuições filosóficas (filosofias fenomenológico-hermenêutico-práxicas).

Conforme indicamos, essa volta "fenomenológica" às coisas parece ter-se dado na América Latina predominantemente numa dupla e tensa direção: práxica e/ou hermenêutica. Já chamamos a atenção para o fato de que, em geral, as teologias da libertação se entendem como teologias da práxis e/ou como teologias hermenêuticas, e que, por isso mesmo, se fala tanto nessas teologias de práxis, de relação teoria-práxis, de hermenêutica, de lugar hermenêutico. Outra questão é a compreensão e o nível de elaboração que elas têm de práxis, da relação teoria-práxis, de hermenêutica, de lugar hermenêutico e, inclusive, da relação práxis-hermenêutica.

No que diz respeito à "relação" entre essas duas perspectivas filosóficas fundamentais, há uma tensão raramente explicitada e nunca desenvolvida nas teologias da libertação. Em geral, admite-se que a hermenêutica tem implicações práticas e que a práxis possibilita novas interpretações. Portanto, não são questões opostas nem incompatíveis, como bem reconhece e indica Claude Geffré.[37] Mas isso é suficiente? Tanto faz (do ponto de vista epistemológico e do ponto de vista práxico) falar da teologia como hermenêutica ou como momento teórico da práxis? Pode-se identificar sem mais teoria/teologia com

---

37   Cf. GEFFRÉ, *Como fazer teologia hoje*, p. 28s, 59ss, 273ss; GEFFRÉ, *Crer e interpretar*, p. 54ss.

Capítulo IV

hermenêutica, mesmo que da práxis? Não seria a hermenêutica um momento da teoria (teológica) que, por sua vez, é um momento da práxis (teologal)? Não é preciso avançar na determinação do estatuto teórico da "relação" hermenêutica-práxis? Isso não implica em última instância uma nova teoria da realidade e numa nova teoria da inteligência que se implicam e se condicionam mutuamente? São questões que "dão de pensar" e mostram a importância e a necessidade do desenvolvimento da relação teologia-filosofia ou da mediação filosófica da teologia.

Convém, por fim, chamar a atenção para o fato de que essas intuições e indicações filosóficas de orientação predominantemente fenomenológico--hermenêutico-práxica se encontram, sobretudo, em teólogos/as e teologias de origem hispânica. No caso do Brasil, em geral, a ausência (!?) de uma mediação filosófica nas teologias da libertação é ainda maior e mais grave.[38]

C. Consequências positivas e negativas

Vamos concluir esta primeira parte de nosso estudo chamando a atenção para algumas consequências positivas e negativas da não tematização ou do pouco desenvolvimento da mediação filosófica nas teologias da libertação. Como nos itens anteriores, trata-se, aqui também, apenas de um esboço da problemática sem maiores desenvolvimentos. Em todo caso, julgamos importante esse esboço, pois ele nos permite ponderar os ganhos e as perdas do caminho seguido, mostra a necessidade e urgência do desenvolvimento da mediação filosófica e oferece, inclusive, algumas pistas para um desenvolvimento adequado dessa mediação.

Antes de tudo, é preciso reconhecer que a ausência ou o pouco desenvolvimento da mediação filosófica nas teologias da libertação trouxe alguns benefícios para essas teologias (e mesmo para o conjunto das teologias na Igreja), não obstante suas ambiguidades e suas consequências negativas. Abriu espaço para um diálogo fecundo e criativo com as ciências humanas e com a sabedoria popular e, através delas, ofereceu um acesso privilegiado à realidade, tal como ela se apresenta, é experimentada e está configurada. Isso aproximou as teologias da libertação da vida concreta das pessoas e comunidades, recuperou/revigorou o caráter espiritual/eclesial do fazer teológico e tornou a teologia

---

38 Cf. ADÃO, *A carne se fazendo verbo*: uma contribuição ao debate teológico no Brasil, p. 262.

algo relevante e eficaz na vida da Igreja e na sociedade. Além do mais, e do ponto de vista estritamente epistemológico, o desenvolvimento dessas outras formas de saber e conhecimento no fazer teológico ajuda a compreender que o processo de intelecção (também teológica!) é muito mais complexo do que parece à primeira vista e que não pode ser identificado e/ou reduzido a uma de suas formas como é a filosofia, tal como foi exercitada e desenvolvida na tradição ocidental. E por mais importante e necessário que seja essa forma do saber.

Mas é preciso reconhecer também que a ausência ou o pouco desenvolvimento da mediação filosófica nas teologias da libertação trouxe consequências negativas para essas teologias, comprometendo, inclusive, aspectos positivos e fecundos de sua interlocução com as ciências humanas e com a sabedoria popular.

Em primeiro lugar, o fato de um teólogo não tematizar nem desenvolver a mediação filosófica de sua teologia não significa sem mais ausência de mediação filosófica em seu fazer e em seu produto teológicos. O que acontece, normalmente, na maioria dos casos, é um uso não refletido nem tematizado de conceitos e pressupostos filosóficos que condicionam o fazer e o produto teológicos.

Em segundo lugar, esse uso não refletido nem tematizado de conceitos e pressupostos filosóficos acaba tornando a teologia escrava desses conceitos e pressupostos e incapaz de superar as ambiguidades desses mesmos conceitos e pressupostos. Noutras palavras, o uso não controlado da mediação filosófica leva consigo as ambiguidades dessa mediação para o fazer teológico e torna a teologia incapaz de controlar seu próprio discurso e superar suas ambiguidades.

Em terceiro lugar, mesmo no caso das teologias indígena, negra e popular que se desenvolvem segundo uma lógica simbólico-sapiencial e não segundo uma lógica teórico-conceitual, a problemática da mediação filosófica não é completamente irrelevante nem deslocada: seja porque boa parte de seus autores é formada na cultura ocidental e não deixa de utilizar conceitos e pressupostos teórico-filosóficos; seja porque a mera indicação de lógicas diferentes de saber levanta problemas filosóficos acerca do saber em geral e do saber teológico em particular.

Em quarto lugar, convém recordar que parte das críticas feitas a essas teologias está ligada a conceitos e pressupostos teóricos (também filosóficos!)

Capítulo IV

ambíguos e/ou não suficientemente elaborados e desenvolvidos e que dizem respeito, inclusive, ao assunto da teologia (*historicidade* da salvação) e a seu estatuto teórico (*teologia* x ciências humanas). A não tematização e o não desenvolvimento da mediação filosófica acabam contribuindo para essas ambiguidades e dificultando um diálogo crítico e fecundo com as críticas que lhes são dirigidas e com os pressupostos filosóficos dessas críticas.

Em quinto lugar, a não tematização da mediação filosófica acaba comprometendo até mesmo aspectos positivos e fecundos da interlocução dessas teologias com as ciências humanas e com a sabedoria popular, bem como sua potencialização teórico-teológica: seja na medida em que leva ou pode levar a um novo reducionismo do saber (agora científico e/ou sapiencial), seja na medida em que não possibilita ou dificulta uma elaboração mais rica e complexa do saber em suas várias formas (sapiencial, científica, filosófica etc.).

Tudo isso aponta para a necessidade e a urgência de tematização e desenvolvimento da mediação filosófica das teologias da libertação: *uma* mediação entre muitas outras, mas uma mediação *importante e necessária*. É o que faremos na segunda parte deste nosso estudo, através de uma aproximação sistemática à problemática teologia-filosofia nas teologias da libertação.

2. Aproximação sistemática

Tendo apresentado um panorama histórico e feito um balanço crítico da problemática teologia-filosofia nas teologias da libertação, faremos, agora, uma abordagem mais sistemática dessa problemática, indicando sua importância, seu lugar e algumas de suas contribuições para o fazer e para o produto dessas teologias.

A. Importância e lugar da mediação filosófica

Convém começar essa abordagem sistemática do tema explicitando a importância e o lugar da mediação filosófica na teologia. O simples fato de a filosofia ter constituído uma mediação importante ou mesmo a mais importante do fazer teológico ocidental,[39] não obstante os reducionismos e as

---

39 Cf. NÉDONCELLE, *Teologia e filosofia ou as metamorfoses duma "ancilla"*, p. 69-77; PANNENBERG, *Filosofia e teologia*; LIMA VAZ, *Escritos de filosofia*; JOÃO PAULO II, *Carta Encíclica Fides et Ratio*; OLIVEIRA, *Diálogos entre fé e razão*; SILVA, *Filosofia e teologia*, p. 513-528.

A relação teologia-filosofia na América Latina

consequências negativas desse fato, já é um indicativo de sua importância para a teologia que não deve ser banalizado nem minimizado. E o balanço crítico que esboçamos no final do item anterior acerca da não tematização ou do pouco desenvolvimento da mediação filosófica nas teologias da libertação aponta também para a importância e a necessidade de avançar nessa direção.

Falamos em avançar, pois não se trata simplesmente de uma volta ao passado (filosofia clássico-escolástica); uma volta que prescinda e menos ainda que negue sem mais as novas perspectivas filosóficas (filosofias modernas e contemporâneas) e as novas formas de saber (ciências em geral, sabedoria popular etc.). Trata-se, antes, da necessidade de uma concepção mais ampla e complexa do fazer teológico que reconheça e potencialize diferentes *formas* de fazer teologia e diferentes *mediações* do fazer teológico. Formas e mediações que não se contrapõem necessariamente, mas se complementam e se enriquecem mutuamente. E, aqui, a teologia ocidental e a mediação filosófica encontram um lugar e adquirem importância no conjunto do fazer teológico.

A própria expressão *teologia* é usada comumente num duplo sentido que convém explicitar: um *sentido amplo* (inteligência da fé) e um *sentido estrito* (inteligência racional da fé). A *inteligência da fé* é algo bem mais amplo e complexo que a *inteligência racional da fé*. Razão é um modo de inteligência. Quando falamos de inteligência racional da fé, falamos, aqui, concretamente, dessa forma específica de inteligência da fé que se deu mediante o encontro e a interação com a filosofia grega e que se convencionou chamar *teo-logia*: um discurso sobre *Deus* ou mais precisamente sobre a *experiência de Deus* mediado e regulado pelo *logos*.

Embora tenha sido tomada como sinônimo de e, assim, identificada sem mais com a inteligência da fé, a *teo-logia* como discurso racional da fé nunca foi a única nem a forma predominante de inteligência da fé. Na verdade, a inteligência da fé se desenvolveu e se desenvolve muito mais de modo narrativo, simbólico, litúrgico, experiencial etc. que de modo teórico-conceitual.

Stephen Bevans, tratando da contextualidade da teologia, mais precisamente das formas que a teologia pode adquirir, reconhece que, desde a Idade Média e o início da escolástica, a teologia se constituiu como "disciplina acadêmica, científica" e assumiu a forma de "discurso" ou de exposição discursiva. Mas insiste que "a teologia nem sempre pode ser feita de maneira discursiva nem hoje deve ser feita necessariamente nessa linha" que é "tipicamente ocidental e fruto natural da cultura literária visual".

Nem sequer no Ocidente a teologia foi feita sempre de forma discursiva: "Grandes aportes teológicos foram escritos em forma de hinos ou poemas (testemunho disso são os hinos de Efrém ou a surpreendente poesia de Tomás de Aquino)"; não se pode esquecer que a teologia também foi sendo feita "em forma de sermões ou homilias (por exemplo, os sermões de Santo Agostinho sobre São João ou os sermões universitários de Newman)"; sem falar que "a teologia não tem sequer que ser verbal, pois sempre esteve encarnada em rituais", como se pode comprovar pela "regra *lex orandi, lex credendi*" e pelo fato de que "algumas das buscas de compreensão da fé mais eloquentes" estejam "plasmadas em obras de arte" (pintura, escultura etc.).

A "forma" que a teologia adquire está muito ligada ao "lugar" em que a teologia é feita (onde) ou para o qual ela é feita (para onde/quem). Vejamos alguns exemplos:

> Na cultura africana a melhor forma de teologizar pode ser através de compilação, criação ou reflexão dos provérbios. Na cultura afro-americana, o sermão ou a homilia pode ser o melhor veículo para a teologização. Na Índia, a melhor maneira de expressar a fé pode ser através da dança. Em todo caso, o ponto que queremos destacar é que a teologia é uma atividade muito mais ampla que a simples erudição e que outras culturas têm formas diversas de articular a fé que são preferíveis [à forma ocidental]. Obras de arte, hinos, histórias, dramas, livros de caricaturas, cinema, todas são formas válidas para fazer teologia em culturas particulares.[40]

Não se trata, aqui, de formas *opostas* que se excluem mutuamente, mas de formas *diversas* de inteligência da fé que podem se enriquecer mutuamente, desempenhando, inclusive, função crítica uma em relação à outra.

A forma simbólico-sapiencial de fazer teologia pode desempenhar uma função crítica em relação à forma teórico-conceitual de fazer teologia: seja na medida em que revela que esta é apenas uma forma de saber e que há outras formas de saber; seja na medida em que se mostra mais adequada e capacitada para apreender e expressar a historicidade da salvação e sua parcialidade pelos pobres, tal como se deram na história de Israel e na práxis de Jesus de

---

40   BEVANS, *Modelos de Teología Contextual*, p. 44s.

Nazaré – um limite do modo grego de pensar, para o qual vários teólogos têm chamado a atenção.[41]

Mas também a forma teórico-conceitual de fazer teologia pode desempenhar uma função crítica em relação à forma simbólico-sapiencial de fazer teologia: seja indicando ambiguidades e contradições em formas simbólico-sapienciais de apreensão e expressão da experiência cristã de Deus; seja buscando apreender e expressar (nos limites de suas possibilidades teórico-conceituais!?) de forma menos ambígua e mais adequada essa mesma experiência cristã de Deus.

E essa forma teórico-conceitual de fazer teologia tem um momento filosófico fundamental. Segundo Antonio González, a "filo-sofia" é uma forma de saber que tem uma tríplice característica: *ultimidade* (problematização do sentido comum, radicalização, busca da raiz ou do fundamento),[42] *criticidade* (distância, dúvida, suspeita),[43] *praticidade* (interesse, emancipação).[44] Características que, mais cedo ou mais tarde, de uma forma ou de outra, emergem e se impõem no processo de inteligência de qualquer experiência religiosa[45] e, concretamente, da fé cristã.

Aliás, já em Platão, a expressão teologia indica um discurso crítico-racional sobre os deuses; uma espécie de "mito-logia", isto é, um discurso sobre os deuses mediado/regulado pelo logos.[46] Trata-se de uma forma de inteligência

---

41 Cf. ELLACURÍA, *Historia de la salvación y salvación de la historia*, p. 519-533; ELLACURÍA, *Historia de la salvación*, p. 597-628; MÜLLER, *Dogmática católica*, p. 34; KASPER, *A misericórdia*, p. 24ss; MOLTMANN, *A Igreja no poder do Espírito*, p. 93.

42 "A filosofia é sempre *problematizadora* do que o 'sentido comum' considera como evidente [...] o próprio da filosofia é ir além das explicações do sentido comum [...]. A filosofia é radicalização; é um saber radical porque pretende chegar ao fundamento, à raiz última das afirmações que nós encontramos na sabedoria popular e no sentido comum" (GONZÁLEZ, *Introducción a la práctica de la filosofía*, p. 30).

43 "O filósofo é alguém que toma distância, que se afasta dos modos habituais de pensar para elaborar uma reflexão própria, um modo de ver as coisas distinto do que lhe proporcionou a sociedade na qual nasceu [...] Isso leva o filósofo a adotar uma atitude de dúvida. As coisas não são tão evidentes como parecem; é preciso duvidar; é preciso pôr em questão o que todos admitem [...]; além de duvidar, o filósofo é alguém que suspeita [...] e se pergunta para que serve esta ideia, para que serve um determinado pensamento ou crença que todos consideram acertado. [...] A filosofia suspeita que as ideias podem servir para ocultar grandes verdades ou para manter os interesses dos poderosos" (GONZÁLEZ, *Introducción a la práctica de la filosofía*, p. 30s).

44 "Mas estas tarefas de radicalização e de desmascaramento a que nos referimos [...] não são realizadas por pura curiosidade ou por esporte. O filósofo [...] está movido por algo que está além do puro interesse científico: a filosofia atua em última instância por interesses emancipadores ou libertadores dos homens" (GONZÁLEZ, *Introducción a la práctica de la filosofía*, p. 31).

45 Cf. GONZÁLEZ, *Introducción a la práctica de la filosofía*, p. 353s.

46 Cf. PLATÃO, *A República*, I, 379a-383c.

(logos) que nasce da suspeita/crise de formas habituais de compreensão e discurso sobre os deuses (mitos) e como busca de seu saber/conhecimento último ("filo-sofia"). E é nesse sentido preciso de discurso racional que essa expressão foi, não sem tensão, sendo assumida pela Igreja e acabou se tornando sinônimo de inteligência da fé.[47]

Certamente, como temos indicado, essa não é a única forma nem a primeira forma, nem sequer a forma mais habitual de inteligência da fé. Pelo contrário. Surge normalmente em meio a tensões e/ou em contextos de crise de formas habituais de inteligência da fé. E surge como radicalização dessas tensões ou crises (momento crítico-destrutivo) em busca de apreensões e expressões menos ambíguas e mais adequadas da experiência cristã de Deus ou da fé cristã (momento crítico-criativo).

Neste sentido, podemos afirmar que o filosofar ou a mediação filosófica é um momento constitutivo e necessário do processo amplo e complexo de inteligência da fé. Falamos de filosofia, aqui, mais como atitude filosófica (*busca da sabedoria*) que como teoria filosófica concreta (*posse* de um saber). A inteligência da fé é algo complexo, dinâmico, processual, sempre aberto e algo que se dá de muitas formas e adquire muitas expressões. E o momento filosófico da inteligência da fé tem a ver com a inquietação ou mais precisamente com a radicalização da inquietação que dinamiza o processo de inteligência da fé e com a busca de apreensão e expressão mais adequadas da fé. Daí por que, embora nem toda forma de inteligência da fé desenvolva ou precise desenvolver uma atitude filosófica, mais cedo ou mais tarde isso se torna inevitável e mesmo necessário. Tanto no que diz respeito a conteúdos teológicos concretos, quanto no que diz respeito ao processo de inteligência da fé enquanto tal. E, assim, o filosofar emerge como momento constitutivo e necessário do processo de inteligência da fé.

Foi uma das grandes teses e insistências de Rahner,[48] embora sua redução da expressão teologia ao sentido estrito de teologia racional seja discutível e sua formulação da relação filosofia e teologia em analogia com a problemática da relação "natureza e graça", mesmo que mediada pelo conceito "existencial

---

47 Cf. C. BOFF, *Teoria do Método Teológico*, p. 548-560.

48 Cf. RAHNER, *Filosofía y teología*, p. 84-93; RAHNER, *Curso fundamental da fé*, p. 37-39; MIRANDA, *O mistério de Deus em nossas vidas*, p. 106-122; OLIVEIRA, "É necessário filosofar na teologia", p. 201-218.

sobrenatural", não deixe de ser uma formulação ambígua e problemática.[49] Em todo caso, insiste e mostra, a seu modo, que o filosofar não é algo estranho à teologia, mas um momento interno constitutivo e necessário do processo de inteligência da fé. Outra questão, que abordaremos mais adiante, tem a ver com a mediação ou (por que não?) com as mediações filosóficas concretas da teologia.

E, assim, podemos afirmar com Rahner e para além de Rahner que, embora não toda teologia concreta precise se desenvolver como teologia filosófica e consequentemente necessite desenvolver uma mediação filosófica, a teologia, em seu conjunto, tem em um momento filosófico constitutivo inevitável e necessário. O que nos leva a afirmar, de novo com Rahner e para além de Rahner, que, em algum momento e de algum modo, "é necessário filosofar na teologia".[50]

B. Contribuições da mediação filosófica

Esse momento filosófico da teologia diz respeito tanto a *conteúdos concretos* abordados e/ou desenvolvidos (temas) quanto ao próprio *fazer teológico enquanto tal* em sua estrutura fundamental de "saber de algo" (conhecimento-realidade) – dois aspectos distintos que se implicam mutuamente; afinal, só se faz teologia teologizando sobre algo e todo teologizar sobre algo é uma forma de saber. Mas diz respeito também à *questão da mediação ou das mediações filosóficas* a serem apropriadas e/ou desenvolvidas na teologia (que filosofia ou que filosofias?).

Não vamos desenvolver aqui nenhum desses três aspectos referentes à mediação filosófica da teologia: conteúdos teológicos, fazer teológico, mediação filosófica. Vamos simplesmente explicitá-los e, assim, mostrar sua importância e necessidade.

a) Conteúdos concretos

Comecemos por um ponto que pode ser reconhecido e admitido sem maiores dificuldades. A teologia trata de muitos temas: Deus, fé, pessoa/ser/

---

49 Cf. GONZÁLEZ, *El problema de la historia en la teología de Gustavo Gutiérrez*, p. 341-349; GONZÁLEZ, *Teología de la praxis evangélica*, p. 32-43; AQUINO JÚNIOR, *O caráter práxico-social da teologia*, p. 60ss.

50 Cf. OLIVEIRA, "É necessário filosofar na teologia".

Capítulo IV

animal humano, sociedade, história, mundo, mal, sacramento, salvação, moral etc. Trata tudo isto a partir de Deus ou mais concretamente da experiência de Deus. E o faz com linguagens as mais diversas: narrativas, imagens, ritos, símbolos, conceitos etc.

Todas essas linguagens expressam e medeiam certa compreensão das realidades abordadas (temas) e da perspectiva em que elas são abordadas (assunto ou ponto de vista). A questão reside em saber se essa compreensão e essa linguagem são as mais adequadas e se não são possíveis compreensões e linguagens mais adequadas. E, aqui, a filosofia tem um lugar e uma tarefa fundamentais. Antes de tudo, enquanto *atitude* de crítica e de busca radicais, mas também, e mais do que pode parecer e do que normalmente se reconhece, enquanto *teoria concreta* pressuposta – implícita ou explicitamente, consciente ou inconscientemente. Basta ver a quantidade de ideias e conceitos filosóficos presentes e/ou pressupostos nas mais diversas e distintas teologias.

Nesse sentido, é fundamental desenvolver o momento filosófico da teologia no tratamento de qualquer tema concreto e mesmo de seu assunto próprio e específico: seja *problematizando* as concepções expressas/mediadas na compreensão e na linguagem sobre os temas ou assunto abordados, bem como seus pressupostos e suas implicações prático-teóricos (momento crítico-destrutivo); seja *buscando* uma compreensão e uma linguagem menos ambíguas e mais adequadas do tema ou assunto em questão (momento crítico-criativo).

Isso vale, em primeiro lugar, para as teologias desenvolvidas na tradição ocidental, mesmo as que reagem explicitamente a essa forma de fazer teologia, como, por exemplo, Tertuliano, Pedro Damião, Lutero, Barth e Jüngel. Elas são profundamente marcadas em suas compreensões e em seus conceitos pela reflexão e pelas teorias filosóficas desenvolvidas no Ocidente, embora nem sempre de modo explícito e consciente.[51] Mas vale também para teologias de-

---

51 Assim, "a teoria estoica do espírito e sua visão de corporeidade do espírito" permitiu a Tertuliano afirmar também "a corporeidade de Deus"; embora Pedro Damião rejeite a autonomia irrestrita da dialética frente à teologia, não rejeita "a dialética em si"; Lutero, além de ter professado em seu período inicial ser ockhamista, "chegou a defender a tese estoica de Lorenzo Valla e John Wiclif de que tudo acontece por necessidade, como descrição do agir onipotente de Deus e de sua providência" (PANNENBERG, *Filosofia e teologia*, p. 18-20); Karl Barth "concebe o Deus cristão utilizando a categoria filosófica de sujeito", e mesmo quando Jüngel "recorre à revelação cristã para eliminar aqueles conceitos metafísicos que resultam incompatíveis com as exigências conceituais dessa revelação", continua sendo condicionado por "certos pressupostos filosóficos" como, por exemplo, "a ideia do mal como negatividade" (GONZÁLEZ, *Teología de la praxis evangélica*, p. 73s).

senvolvidas em outras tradições, como, em parte, as teologias indígena, negra e popular. Além de serem, de alguma forma e em alguma medida, marcadas também pela tradição ocidental, suas compreensões e suas linguagens não estão imunes a ambiguidades e contradições. E, dados a abertura e o dinamismo que as constitui, podem ser alargadas e reelaboradas.

b) Fazer teológico

A mediação filosófica da teologia se mostra particularmente importante e necessária quando se trata de refletir sobre o próprio fazer teológico enquanto tal, isto é, quando está em jogo a questão mesma do *teologizar* em sua dupla dimensão de *saber* (logos) sobre *algo* (Deus – experiência de Deus). É toda a problemática do método teológico, "entendido não no sentido do metódico, isto é, da análise das técnicas de investigação e de exposição, mas no sentido do metodo-lógico, isto é, da razão própria do inteiro proceder pelo qual transcorre a reflexão teológica como elemento essencial da práxis eclesial".[52]

Está em jogo, aqui, não simplesmente a abordagem de um tema específico na teologia, mas a própria especificidade da abordagem teológica. E tanto no que diz respeito ao *assunto* da teologia (experiência de Deus) quanto no que diz respeito ao *acesso intelectivo* a esse assunto (saber/logos). Duas dimensões do mesmo problema; dimensões que se implicam e se condicionam mutuamente. Afinal, se, por um lado, só podemos falar de Deus a partir do acesso que temos a ele, por outro lado, nosso acesso a ele está possibilitado e condicionado por sua presença em nossa vida. Noutras palavras, se Deus não existisse nem se fizesse presente em nossa vida, não teríamos acesso a ele nem poderíamos falar dele. Só podemos falar dele porque temos acesso a ele e nossa fala sobre ele está possibilitada e condicionada por esse acesso. Em linguagem teológica: o saber/conhecimento de Deus (teologia) é inseparável da experiência de Deus (revelação-fé) ou, para sermos mais precisos, a teologia (saber/conhecimento) é um momento da fé (experiência/práxis).

Tudo isso tem enormes implicações para a determinação do *assunto* da teologia e da própria *intelecção* teológica. E isso não se pode desenvolver nem muito menos levar a termo sem uma mediação filosófica mais ou menos

---

52 ELLACURÍA, *El método en la teología latino-americana*, p. 220.

Capítulo IV

adequada. Embora não possamos desenvolver neste trabalho nenhuma dessas questões, queremos ao menos problematizá-las e indicar um caminho para seu adequado desenvolvimento.

Assunto da teologia

Importa, aqui, simplesmente, chamar atenção para o fato de que a teologia cristã está possibilitada e condicionada pela experiência de Deus em Israel e, definitivamente, na vida de Jesus de Nazaré. Ela é a referência, a norma e o critério últimos e definitivos do que sabemos e do que podemos dizer sobre Deus. O discurso cristão sobre Deus é inseparável de sua presença/ação na história de Israel e na vida de Jesus de Nazaré. A tal ponto que ele será nomeado não como Deus simplesmente, mas como Pai (de Jesus Cristo, antes de tudo e em sentido próprio!): "Creio em Deus Pai...".

E, aí, Deus se mostra presente e atuante na história (por mais transcendente que seja: transcendente *na* história e não *da* história), partidário dos pobres e marginalizados: pobre, órfão, viúva, estrangeiro (por mais universal que seja em seu amor e em seu desígnio salvífico). De modo que nenhum discurso sobre Deus e sobre a experiência de Deus que prescinda e menos ainda que se contraponha à sua atuação histórica e parcial pelos pobres e marginalizados pode ser tido como cristão em sentido estrito. E nenhuma mediação filosófica que prescinda ou, pior ainda, que negue ou comprometa a historicidade e parcialidade da ação de Deus e da experiência de Deus é adequada ou pelo menos suficiente para fazer teologia cristã.

Com isso, tocamos num dos pontos críticos da mediação filosófica clássica utilizada pela teologia ocidental: sua dificuldade ou mesmo sua incapacidade teórico-conceitual de apreender e expressar adequadamente a historicidade e, sobretudo, a parcialidade da ação salvífica de Deus como algo que diz respeito à realidade mesma de Deus e não como algo secundário e/ou irrelevante. (Afinal, só podemos falar de Deus a partir do acesso que temos a ele, e seria contraditório pensar que Deus se revelasse/agisse em contradição com sua própria realidade: se ele age tomando partido pelos pobres e marginalizados é porque a parcialidade pelos pobres e marginalizados diz respeito à sua própria realidade – é em si mesmo um Deus parcial e por isso se revela/age tomando partido dos pobres e marginalizados.). É o que, em perspectivas, formas

A relação teologia-filosofia na América Latina

e intensidades diversas, tem indicado teólogos tão diferentes como Ignacio Ellacuría, Jürgen Moltmann, Gerhard Müller e Walter Kasper,[53] entre outros.

Vejamos, a modo indicativo e provocativo, o que diz Kasper a propósito do "esquecimento" (!?) da misericórdia na teologia sistemática, particularmente na doutrina sobre Deus – inclusive na sua:[54]

> A razão desse tratamento negligente da misericórdia manifesta-se quando se observa que, nos manuais, são os atributos divinos que resultam da essência metafísica de Deus enquanto ser subsistente (*ipsum esse subsistens*) os que ocupam o primeiro plano: simplicidade, infinitude, eternidade, onipresença, onisciência, onipotência etc. A determinação metafísica da essência divina, que impregnou toda a tradição teológica desde os primeiros tempos da Igreja, não tem, de modo algum, de ser radicalmente questionada; no entanto, temos de nos ocupar de sua legitimidade e de seus limites. Trata-se aqui unicamente de mostrar que, no marco dos atributos metafísicos divinos, apenas existe lugar para a misericórdia, a qual não resulta da essência metafísica de Deus, mas sim de sua autorrevelação histórica. [...] Nestes termos, esquecer a misericórdia não é um problema marginal e secundário da doutrina de Deus; antes pelo contrário, isso nos confronta com o problema fundamental da determinação da essência de Deus e dos atributos divinos em geral, e obriga-nos a reformular a doutrina de Deus.[55]

Na raiz do problema indicado por Kasper está em jogo nada menos que "o ponto de partida metafísico tradicional da doutrina de Deus".[56] E, embora não haja aqui uma negação radical da mediação filosófica clássica, há, sem dúvida nenhuma, o reconhecimento de seus limites teórico-conceituais para apreender e expressar o Deus que se revela na história de Israel e, definitivamente, na história/práxis de Jesus de Nazaré. O que implica a necessidade de buscar uma mediação filosófica mais adequada para o discurso cristão sobre Deus.

Intelecção teológica

Nunca é demais insistir no fato de que *teologia é sempre inteligência da fé*, seja entendida num *sentido amplo* (diferentes formas de saber), seja entendida num *sentido estrito* (saber racional). Mas a discussão acerca do processo

---

53   Cf. Nota 41.

54   Cf. KASPER, *A misericórdia*, p. 22s, Nota 36.

55   KASPER, *A misericórdia*, p. 24.

56   KASPER, *A misericórdia*, p. 24.

Capítulo IV

humano de intelecção (também da fé!) é algo extremamente complexo que não podemos sequer esboçar. Em todo caso, é possível reconhecer e/ou identificar no debate acerca da intelecção humana no Ocidente[57] duas grandes tendências, não obstante a variedade enorme de suas compreensões e formulações antigas ou recentes. Essas tendências podem ser nomeadas, ainda que de modo ambíguo e um tanto caricaturesco, em termos de *idealismo* e *realismo*, entendendo por esses termos simplesmente uma concepção do processo de intelecção mais ou menos como *algo absoluto ou substantivo* (inteligência) ou como *momento ou nota da vida humana* (momento inteligente). E qualquer dessas tendências tem enormes consequências para o fazer e para o produto teológicos, determinando em última instância sua orientação ou direção fundamental.

No caso concreto das teologias da libertação, elas sempre foram compreendidas em referência essencial e constitutiva à práxis de libertação. Embora com concepções distintas da práxis e de seu vínculo com a teoria, as primeiras gerações de teólogos da libertação sempre entenderam a TdL como uma teologia da práxis: "um momento do processo por meio do qual o mundo é transformado" (Gustavo Gutierrez);[58] uma espécie de praxeologia da libertação (Hugo Assmann);[59] "momento consciente e reflexo da práxis eclesial" (Ignacio Ellacuría);[60] "teologia do político e suas mediações" (Clodovis Boff);[61] "intelectus amoris" (Jon Sobrino),[62] entre outros. E todas as teologias da libertação (feminista, negra, indígena, ecológica, religiosa e inter-religiosa, gay etc.) estão vinculadas a processos históricos de libertação.

Essa referência fundamental à práxis diz respeito antes de tudo à ação pastoral-evangelizadora da Igreja, particularmente em sua dimensão sociolibertadora ligada às lutas e aos movimentos populares.[63] Mas ela tem também muitas implicações e consequências epistemológicas que não são fáceis de captar e que entram em conflito com a concepção hegemônica de saber

---

57 Cf. GONZÁLEZ, *Introducción a la práctica de la filosofía*, p. 45-105.

58 GUTIÉRREZ, *Teologia da Libertação*, p. 74.

59 Cf. ASSMANN, *Teología desde la praxis de la liberación*, p. 62-65.

60 Cf. ELLACURÍA, *La teología como momento ideológico de la praxis eclesial*, p. 163-185.

61 Cf. C. BOFF, *Teologia e prática*.

62 Cf. SOBRINO, *El principio-misericordia*, p. 47-80.

63 Cf. GUTIÉRREZ, *A verdade vos libertará*, p. 27-32; GUTIÉRREZ, *A teologia, uma função eclesial*, p. 29-40.

desenvolvida ao longo da tradição ocidental, marcada por um dualismo mais ou menos radical e maniqueísta entre "sentir" e "inteligir" e por uma concepção idealista do saber. Concepção, aliás, bastante presente nas teologias da libertação.

Gustavo Gutiérrez intuiu e até esboçou essa problemática epistemológica da teologia em sua respectividade com a práxis.[64] Mas Ignacio Ellacuría foi o teólogo que desenvolveu e formulou essa problemática do modo mais amplo e consequente entre os teólogos da libertação.[65] E o fez tomando como referencial teórico a teoria da inteligência de Xavier Zubiri: *Inteligência sentiente*.[66]

Diferentemente de outros modos de fazer teologia, cuja preocupação e orientação fundamentais residem na busca e na "compreensão do sentido" das afirmações dogmáticas ou da positividade da fé (interpretação), a preocupação e orientação fundamentais da TdL residem na realização histórica da salvação, isto é, na "transformação da realidade e, nela, a transformação da pessoa" (práxis). Ante teologias predominantemente "intelectualistas", centradas nas ideias, no diálogo cultural, na lógica discursiva etc., a TdL é uma teologia predominantemente "realista" e práxica, centrada na realidade que procura inteligir (e não na ideia ou conceito dessa realidade) e em sua realização histórica, isto é, na busca de mediações concretas de sua efetivação (e não apenas na busca de seu sentido).[67] Certamente, interessa à TdL o sentido das afirmações teológicas, mas em função de sua realização histórica, como um momento do processo de realização da salvação.

Essa afirmação do primado da práxis sobre o sentido não é uma afirmação gratuita feita em função de algum ativismo pastoral ou político e em prejuízo da atividade estritamente teórica. Ela está fundamentada na análise da própria intelecção humana. Ao contrário do que se costuma pensar, a intelecção não é primariamente especulação (teórica), mas um modo de enfrentamento (práxico) e não consiste formalmente em "compreensão de sentido", mas em

---

64 Cf. GUTIÉRREZ, *Teologia da Libertação*, p. 57-74; GUTIÉRREZ, *A verdade vos libertará*, p. 107-128.

65 Cf. ELLACURÍA, *La teología como momento ideológico de la praxis eclesial*; ELLACURÍA, *Hacia una fundamentación del método teológico latino-americano*, p. 187-218; ELLACURÍA, *Relación teoría y praxis en la teología de la liberación*, p. 235-245; AQUINO JÚNIOR, *A teologia como intelecção do reinado de Deus*, p. 213-264; AQUINO JÚNIOR, *O caráter práxico-social da teologia*, p. 53-73.

66 Cf. ZUBIRI, *Inteligência e realidade*; ZUBIRI, *Inteligência e logos*; ZUBIRI, *Inteligência e razão*.

67 Cf. ELLACURÍA, *Hacia una fundamentación del método teológico latino-americano*, p. 200.

Capítulo IV

"apreensão de realidade".[68] É claro que todas as coisas, enquanto apreendidas intelectivamente, adquirem algum sentido na vida humana que é preciso explicitar. Mas o sentido, enquanto sentido da coisa apreendida, está fundado na coisa mesma e sua interpretação pressupõe sua apreensão. De modo que, primária e formalmente, a intelecção consiste em "apreender a realidade" e em "enfrentar-se com ela" como "realidade".[69]

Levar a sério esse caráter fundamentalmente práxico da teologia tem enormes consequências para o fazer teológico, para o produto teológico e para a fecundidade e eficácia pastorais da teologia. É que o interesse e a orientação fundamentais de uma teologia qualquer determina decisivamente seu processo, seu resultado e sua utilidade. "Se a teologia partisse, por exemplo, da pergunta pelo sentido da vida, o diálogo cultural entre as distintas cosmovisões se situaria no primeiro plano de interesse, enquanto se relegariam outros problemas humanos a um segundo plano ou se excluiria do plano da teologia." Se, ao invés, ela parte de um interesse e de uma orientação práxicos, o acento cai na problemática das possibilidades ou das mediações de sua realização histórica. "A eleição adequada do ponto de partida (entendido como interesse ou orientação fundamentais) da teologia pode determinar decisivamente a formulação da mensagem que o cristianismo quer transmitir a uma humanidade atravessada por enormes conflitos".[70]

c) Mediação filosófica

Por fim, é importante tocar também na problemática da mediação filosófica da teologia. Problemática que diz respeito tanto à questão da mediação ou das mediações filosóficas concretas a serem assumidas e/ou desenvolvidas na teologia quanto à questão de seu desenvolvimento na teologia.

Mediações filosóficas concretas

A explicitação da importância e do lugar da filosofia na teologia deixou em aberto a questão da mediação ou (por que não!?) das mediações filosóficas concretas da teologia. O desenvolvimento dessa questão passa pela consideração da prioridade do filosofar sobre as teorias filosóficas concretas e

---

68 Cf. ELLACURÍA, *Hacia una fundamentación del método teológico latino-americano*, p. 202-211.

69 Cf. ELLACURÍA, *Hacia una fundamentación del método teológico latino-americano*, p. 207s.

70 GONZÁLEZ, *La vigencia del "método teológico" en la teología de la liberación*, p. 669.

A relação teologia-filosofia na América Latina

pelo discernimento da teoria ou das teorias filosóficas mais adequadas para a teologia.

Por um lado, é preciso considerar que a mediação filosófica da teologia diz respeito antes de tudo e acima de tudo ao *filosofar* ou a *atitude filosófica*, e não a uma teoria filosófica específica. O momento filosófico da teologia, conforme explicitamos acima, tem a ver com a *problematização* radical de compreensões e linguagens teológicas habituais ou hegemônicas e com a *busca* de compreensão e linguagem teológicas mais radicais e adequadas. Ele é exercitado e desenvolvido normalmente em relação a teologias concretas – simbólico-sapienciais ou teórico-conceituais. E, embora recorra a teorias filosóficas concretas em seu desenvolvimento, deve ter sempre prioridade sobre elas, uma vez que essas mesmas teorias mais cedo ou mais tarde serão abordadas filosoficamente. Daí que a insistência na mediação filosófica da teologia tem a ver, em primeiro lugar, com o filosofar ou com a atitude filosófica, e não com uma teoria filosófica específica. Mesmo que não se possa separar radicalmente o filosofar da teoria filosófica, na medida em que todo filosofar pressupõe e/ou implica uma teoria filosófica, é necessário distingui-los e conceder prioridade ao filosofar. Do contrário, terminar-se-á comprometendo o caráter de ultimidade, radicalidade e praticidade que caracteriza a filosofia ou mesmo transformando-a em ideologia.

Por outro lado, é preciso discernir que teoria ou que teorias filosóficas são mais adequadas tanto para o desenvolvimento de determinados temas teológicos quanto para a reflexão e explicitação do próprio fazer teológico. E, aqui, a teologia, hoje mais que nunca, tem que dialogar com teorias filosóficas diversas e até (ao menos aparentemente) contraditórias, na medida em que possam ajudar a apreender e expressar aspectos da realidade teologal e do próprio teologizar. O fato de uma teoria filosófica determinada não ser suficiente como mediação filosófica da teologia (se é que alguma teoria filosófica é suficiente e absolutamente adequada para a teologia), não significa que não possa ser assumida parcialmente por ela. Com isto, não estamos afirmando que todas as teorias filosóficas são igualmente adequadas. Há teorias muito mais abrangentes e adequadas que outras, capazes, inclusive, de assumir outras teorias ou aspectos dessas teorias como momento interno de uma compreensão e formulação mais abrangente e adequada. Importa, em todo caso, saber que, enquanto momento do teologizar, a mediação ou as mediações

111

Capítulo IV

filosóficas estão a serviço da apreensão e expressão da realidade teologal e são mais ou menos legítimas e adequadas na medida em que são capazes de apreender e expressar mais ou menos adequadamente essa realidade.

Desenvolvimento da mediação filosófica

Uma última questão acerca da mediação filosófica da teologia tem a ver com a problemática do desenvolvimento dessa mediação na teologia.

Antes de tudo, devemos nos perguntar se o desenvolvimento da mediação filosófica da teologia é tarefa do teólogo ou mesmo se o teólogo tem competência para isso. É verdade que, na medida em que é o teólogo quem faz teologia, é ele quem tem que desenvolver esse momento racional ou filosófico da teologia. Mas não é sua tarefa nem sua competência analisar exaustivamente as teorias e os conceitos filosóficos utilizados e/ou pressupostos no discurso teológico nem desenvolver exaustivamente uma teoria filosófica como mediação filosófica adequada da teologia: seja porque isso não é propriamente tarefa da teologia,[71] seja porque o teólogo como tal não tem competência para isso. O próprio Rahner, que tanto valorizou e desenvolveu a mediação filosófica de sua teologia, reconhece e adverte que "uma pretensão como essa seria excessiva para o teólogo, que pode ser filósofo só de uma maneira muito limitada".[72]

Além do mais, é preciso saber se é mesmo necessário um desenvolvimento exaustivo da mediação filosófica na teologia ou, de novo com Rahner, a propósito do conceito de filosofia transcendental em sua teologia, se isso não seria de "utilidade duvidosa, justamente por ser discutível para os objetivos da compreensão e do trabalho prático da teologia transcendental". Neste contexto, afirma:

> Temos, portanto, o direito de partir de um conceito de filosofia transcendental em parte impreciso, quase vulgar, mas justamente por isso capaz de compreender até fenômenos heterogêneos da moderna história da filosofia. Mesmo porque [...] tal conceito de filosofia transcendental pode ser aplicado também a questões imanentes à teologia considerada em si mesma, ou seja, não depende essencialmente de um consenso universal dos filósofos.[73]

---

71 Cf. GONZÁLEZ, *Teología de la praxis evangélica*, p. 75.

72 RAHNER, *Reflexões sobre o método da teologia*, p. 88s.

73 RAHNER, *Reflexões sobre o método da teologia*, p. 89.

De modo que, se o teólogo não pode se eximir do filosofar em seu trabalho teológico, já que o filosofar é um momento interno constitutivo do teologizar, e, assim, em alguma medida e de alguma maneira deve ser também filósofo, tampouco pode assumir para si a tarefa de desenvolver exaustivamente uma teoria filosófica. Além de não ser sua tarefa própria como teólogo, podendo, inclusive, desviá-lo de sua tarefa propriamente teológica, enquanto teólogo, não tem competência para isto. Em todo caso, *deve filosofar* em seu trabalho teológico e *deve enfrentar-se crítica e criativamente com teorias filosóficas concretas*, assumindo as teorias ou aspectos das teorias que se mostram mais adequados e fecundos em seu trabalho teológico.

A modo de conclusão

Convém concluir este estudo sobre a relação teologia-filosofia na América Latina insistindo no fato de que sua pretensão não era propor uma mediação filosófica específica para as teologias da libertação, mas simplesmente problematizar essa relação: seja no que diz respeito à sua efetivação histórica (aproximação historiográfica), seja no que diz respeito ao seu estatuto teórico (aproximação sistemática).

É verdade que o desenvolvimento dessa problemática não se dá sem uma mediação filosófica mais ou menos explícita e/ou desenvolvida, como se pode verificar nas referências filosóficas fundamentais presentes, sobretudo, na segunda parte do trabalho e mais bem desenvolvidas em outros estudos do autor, particularmente em sua tese doutoral e em um conjunto de artigos que tratam de questões epistemológicas das teologias da libertação.[74]

Em todo caso, nossa pretensão neste trabalho é mais modesta e mais fundamental. Mais modesta por não pretender desenvolver nem sequer esboçar de modo abrangente uma mediação filosófica concreta para as teologias da libertação. Mais fundamental porque problematiza a questão tanto em seu desenvolvimento histórico quanto em sua estrutura teórica fundamental.

E, assim, põe-nos diante do desafio e da tarefa de desenvolver a mediação filosófica das teologias da libertação. Não como a única, nem como a primeira, nem como mais importante, nem como a mais urgente mediação da

---

74 Cf. AQUINO JÚNIOR, *A teologia como intelecção do reinado de Deus*; AQUINO JÚNIOR, *Teoria teológica – práxis teologal*; AQUINO JÚNIOR, *O caráter práxico-social da teologia*.

Capítulo IV

teologia. Mas, em todo caso, como *uma* mediação entre outras; como uma mediação *importante e necessária* no processo global de inteligência da fé; e como uma mediação *plural e complexa*, desenvolvida em diálogo crítico-criativo com diferentes filosofias.

Bibliografia

ADÃO, Francys Silvestrini. A carne se fazendo verbo: uma contribuição ao debate teológico no Brasil. *Perspectiva Teológica* 132 (2015) 243-268.

ANDRADE, Paulo Fernando Carneiro. *Fé e eficácia*: o uso da sociologia na teologia da libertação. São Paulo: Loyola, 1991.

AQUINO JÚNIOR, Francisco de. *A teologia como intelecção do reinado de Deus*: o método da teologia da libertação segundo Ignacio Ellacuría. São Paulo: Loyola, 2010.

_____. *O caráter práxico-social da teologia*: tópicos fundamentais de epistemologia teológica. São Paulo: Loyola, 2017.

_____. *Teoria teológica – práxis teologal*: sobre o método da teologia da libertação. São Paulo: Paulinas, 2012.

ASSMANN, Hugo. *Teología desde la praxis de la liberación*: ensayo teológico desde la América dependiente. Salamanca: Sígueme, 1973.

BEVANS, Stephen. *Modelos de teología contextual*. Edición revisada y aumentada. Quito: Verbo Divino/Spiritus, 2004.

BOFF, Clodovis. O rigor científico: princípios elementares extraídos de Aristóteles no interesse da teologia. *Horizonte* 39 (2015) 1559-1579.

_____. *Teoria do método teológico*. Petrópolis: Vozes, 1998.

_____. *Teoria e prática*: teologia do político e suas mediações. Petrópolis: Vozes, 1983.

_____. Volta ao fundamento: réplica. *REB* 272 (2008) 892-927.

CODINA, Victor. A teologia latino-americana na encruzilhada. *Perspectiva Teológica* 31 (1999) 181-200.

_____. *Creio no Espírito Santo*: pneumatologia narrativa. São Paulo: Paulinas, 1997.

_____. Es posible hacer teología hoy? In: *Una Iglesia nazarena*: teología desde los insignificantes. Santander: Sal Terrae, 2010. p. 189-203.

CORBAN, Jean; VANHOYE, Albert. Conhecer. In: LEÓN-DUFOUR, Xavier. *Vocabulário de teologia bíblica*. Petrópolis: Vozes, 1972. p. 165-169.

CORONADO, Jesús Castillo (org. e entrevistador). *Livres e responsáveis*: o legado teológico de Juan Luis Segundo. São Paulo: Paulinas, 1998.

DUSSEL, Enrique. *Filosofia da libertação*. São Paulo: Loyola, 1980.

_____. *Filosofia da libertação*: crítica à ideologia da exclusão. São Paulo: Paulus, 1995.

ELLACURÍA, Ignacio. *Cursos universitarios*. San Salvador: UCA, 2009.

_____. El aporte de la filosofía zubiriana a la teología de la liberación. *Archivo de Ignacio Ellacuría*. Caja 4, Carpeta 27. Disponível em: <http://www.uca.edu.sv/centro-documentacion-virtual/wp-content/uploads/2015/03/C04-c27-.pdf>.

_____. El método en la teología latinoamericana. In: *Escritos Teológicos I*. San Salvador: UCA, 2000. p. 219-234.

_____. *Escritos Filosóficos I*. San Salvador: UCA, 1996.

_____. *Escritos Filosóficos II*. San Salvador: UCA, 1999.

_____. *Escritos Filosóficos III*. San Salvador: UCA, 2001.

_____. *Filosofía de la realidad histórica*. San Salvador: UCA, 1999.

_____. Hacia una fundamentación del método teológico latinoamericano. In: *Escritos Teológicos I*. San Salvador: UCA, 2000. p. 187-218.

_____. Historia de la salvación. In: *Escritos Teológicos I*. San Salvador: UCA, 2000. p. 597-628.

_____. Historia de la salvación y salvación de la historia. In: *Escritos Teológicos I*. San Salvador: UCA, 2000. p. 519-533.

_____. La teología como momento ideológico de la praxis eclesial. In: *Escritos Teológicos I*. San Salvador: UCA, 2000. p. 163-185.

_____. Relación teoría y praxis en la teología de la liberación. In: *Escritos Teológicos I*. San Salvador: UCA, 2000. p. 235-245.

_____. Tesis sobre la posibilidad, necesidad y sentido de una teología latinoamericana. In: *Escritos Teológicos I*. San Salvador: UCA, 2000. p. 271-301.

ELLACURÍA, Ignacio; SCANNONE, Juan Carlos (comp.). *Para una filosofía desde América Latina*. Bogotá: Universidad Javeriana, 1992.

FRANÇA MIRANDA, Mário de. *O mistério de Deus em nossas vidas*: a doutrina trinitária de Karl Rahner. São Paulo: Loyola, 1975.

GEFFRÉ, Claude. *Como fazer teologia hoje*: hermenêutica teológica. São Paulo: Paulinas, 1989.

_____. *Crer e interpretar*: a virada hermenêutica da teologia. Petrópolis: Vozes, 2004.

GONZÁLEZ, Antonio. El significado filosófico de la teología de la liberación. In: COMBLIN, José; GONZÁLEZ FAUS, José Ignacio; SOBRINO, Jon. *Cambio social y pensamiento Cristiano en América Latina*. Madrid: Trotta, 1993. p. 145-160.

_____. El problema de la historia en la teología de Gustavo Gutiérrez. *Revista Latinoamericana de Teología* 18 (1989) 335-364.

Capítulo IV

_____. *Estructuras de la praxis*: ensayo de una filosofía primera. Madrid: Trotta, 1997.

_____. *Introducción a la práctica de la filosofía*: texto de iniciación. San Salvador: UCA, 2005.

_____. La vigencia del "método teológico" en la teología de la liberación. *Sal Terrae* 983 (1995) 667-675.

_____. *Surgimiento*: hacia una ontología de la praxis. Bogotá: USTA, 2013.

_____. *Teología de la praxis evangélica*: ensayo de una teología fundamental. Santander: Sal Terrae, 1999.

GUTIÉRREZ, Gustavo. *A força histórica dos pobres*. Petrópolis: Vozes, 1981.

_____. A teologia, uma função eclesial. In: *A densidade do presente*. São Paulo: Loyola, 2008. p. 29-40.

_____. *A verdade vos libertará*. São Paulo: Loyola, 2000.

_____. *Teologia da Libertação*: perspectivas. São Paulo: Loyola, 2000.

IRARRAZAVAL, Diego. *De baixo e de dentro*: crenças latino-americanas. São Bernardo do Campo: Nhanduti, 2007.

_____. Repercusión de lo popular en la teología. In: COMBLIN, José et al. *Cambio social y pensamiento cristiano en América Latina*. Madrid: Trotta, 1993. p. 181-197.

JOÃO PAULO II. *Carta Encíclica Fides et Ratio*: sobre as relações entre fé e razão. São Paulo: Loyola, 1998.

KASPER, Walter. *A misericórdia*: condição fundamental do Evangelho e chave da vida cristã. São Paulo: Loyola, 2015.

LAMPE, Armando. *Ética e a filosofia da libertação*: Festschrift Enrique Dussel. Petrópolis: Vozes, 1995.

LIBANIO, João Batista. *Teologia da Libertação*: roteiro didático para um estudo. São Paulo: Loyola, 1987.

LIMA VAZ, Henrique Claudio de. *Escritos de filosofia*: problemas de fronteira. São Paulo: Loyola, 1986.

MOLTMANN, Jürgen. *A Igreja no poder do Espírito*. Santo André: Academia Cristã, 2013.

MÜLLER, Gerhard Ludwig. *Dogmática católica*: teoria e prática da teologia. Petrópolis: Vozes, 2015.

NÉDONCELLE, Maurice. Teologia e filosofia ou as metamorfoses duma "ancilla". *Concilium* 6 (1965) 69-77.

OLIVEIRA, Manfredo Araújo de. *A religião na sociedade urbana e pluralista*. São Paulo: Paulus, 2013.

A relação teologia-filosofia na América Latina

_____. *Desafios éticos da globalização*. São Paulo: Paulinas, 2001.

_____. *Diálogos entre fé e razão*. São Paulo: Paulinas, 2000.

_____. *Ética, direito e democracia*. São Paulo: Paulus, 2010.

_____. *Ética e economia*. São Paulo: Ática, 1995.

_____. *Ética e práxis histórica*. São Paulo: Ática, 1995.

_____. *Ética e racionalidade moderna*. São Paulo: Loyola, 1993.

_____. "É necessário filosofar na teologia": unidade e diferença entre filosofia e teologia em Karl Rahner. In: OLIVEIRA, Pedro Rubens; PAUL, Claudio. *Karl Rahner em perspectiva*. São Paulo: Loyola, 2004. p. 201-218.

_____. *Reviravolta linguístico-pragmática na filosofia contemporânea*. São Paulo: Loyola, 1997.

_____. *Tópicos sobre dialética*. Porto Alegre: EDIPUCRS, 1997.

ORTIZ, S. B. et al. La filosofía de la liberación. In: DUSSEL, Enrique; MENDIETA, Eduardo; BOHÓRQUEZ, Carmen. *El pensamiento filosófico latinoamericano, del Caribe e "latino" (1300-2000)*: historia, corrientes, temas y filósofos. México: Siglo XXI, 2011. p. 399-417.

PANNENBERG, Wolfhart. *Filosofia e teologia*: tensões e convergências de uma busca comum. São Paulo: Paulinas, 2008.

PLATÃO. *A República*. São Paulo: Martin Claret, 2000.

PRIMER ENCUENTRO MESOAMERICANO DE FILOSOFÍA. *Para una filosofía libertadora*. San Salvador: UCA, 1995.

RAMAGLIA, Dante. La cuestión de la filosofía latinoamericana. In: DUSSEL, Enrique; MENDIETA, Eduardo; BOHÓRQUEZ, Carmen. *El pensamiento filosófico latinoamericano, del Caribe e "latino" (1300-2000)*: historia, corrientes, temas y filósofos. México: Siglo XXI, 2011. p. 377-398.

RAHNER, Karl. *Curso fundamental da fé*. São Paulo: Paulus, 1989.

_____. Filosofía y teología. In: *Escritos de Teología VI*. Madrid: Ediciones Cristiandad, 2007. p. 84-93.

_____. Reflexões sobre o método da teologia. In: SANNA, Ignazio. *Karl Rahner*. São Paulo: Loyola, 2004. p. 71-112.

SCANNONE, Juan Carlos. A teologia da libertação: caracterização, correntes, etapas. In: NEUFELD, Karl (org.). *Problemas e perspectivas de teologia dogmática*. São Paulo: Loyola, 1993. p. 321-346.

_____. Fé cristã e filosofia hoje na América Latina. *Síntese Nova Fase* 56 (1992) 49-58.

_____. *Nuevo punto de partida de la filosofía latinoamericana*. Buenos Aires: Guadalupe, 1990.

_____. *Teología de la liberación y praxis popular*: aportes críticos para una teología de la liberación. Salamanca: Sígeme, 1976.

_____. Theologie, Philosophie und Inkulturacion in Latinoamerika. In: FORNET-BETANCOURT (Hrsg.). *Positionen Lateinamerikas*. Frankfurt am Main: Materialis, 1989. p. 78-93.

SEGUNDO, Juan Luis. Criticas y autocriticas de la teología de la liberación. In: COMBLIN, José; GONZÁLEZ FAUS, José Ignacio; SOBRINO, Jon. *Cambio social y pensamiento cristiano en América Latina*. Madrid: Trotta, 1993. p. 215-236.

_____. *Libertação da Teologia*. São Paulo: Loyola, 1978.

SILVA, José Cândido da. Filosofia e teologia: uma relação tumultuada. In: SUSIN, Luiz Carlos (org.). *Sarça ardente – Teologia na América latina*: prospectivas. São Paulo: Paulinas, 2000. p. 513-528.

SOBRINO, Jon. *El principio-misericordia*: bajar de la cruz a los pueblos crucificados. Santander: Sal Terrae, 1992. p. 47-80.

SUSIN, Luiz Carlos. Identidade como apropriação e narcisismo. *Concilium* 285 (2000) 90-103.

_____. O esquecimento do outro na história do Ocidente. *REB* 188 (1987) 820-838.

_____. *O homem messiânico no pensamento de Emmanuel Levinas*. Porto Alegre: EST/Vozes, 1984.

_____. *Sine Propium* – ontologia e antropologias em conflito: consequências espirituais, culturais e teológicas. *Perspectiva Teológica* 91 (2001) 391-406.

ZIENER, Georg. Palavra. In: BAUER, Johannes. *Dicionário de teologia bíblica*. São Paulo: Loyola, 1988. vol. II, p. 794-798.

ZIMMERMANN, Heinrich. Conhecimento. In: BAUER, Johannes. *Dicionário de teologia bíblica*. São Paulo: Loyola, 1988. vol. I, p. 204-210.

ZIMMERMANN, Roque. *América Latina – o não-ser*: uma abordagem filosófica a partir de Enrique Dussel (1962-1976). Petrópolis: Vozes, 1987.

ZUBIRI, Xavier. *Inteligência e logos*. São Paulo: É Realizações, 2011.

_____. *Inteligência e razão*. São Paulo: É Realizações, 2011.

_____. *Inteligência e realidade*. São Paulo: É Realizações, 2011.